철학을 모른다면
인생을 논할 수 없다

김태환 지음

철학을 모른다면
인생을 논할 수 없다

김태환 지음

새벽녘

Contents

• 프롤로그 | 006

1장　나를 이해하는 철학 : 자기 인식과 존재의 탐구

• 소크라테스 | 010　• 르네 데카르트 | 018　• 임마누엘 칸트 | 028　• 장 폴 사르트르 | 039　• 쇠렌 키르케고르 | 048　• 블레즈 파스칼 | 059　• 장자(莊子) | 071　• 마르틴 부버 | 082

2장　타인과 함께 사는 철학 : 관계, 사랑, 책임에 관하여

• 아리스토텔레스 | 093　• 아르투어 쇼펜하우어 | 103　• 장 자크 루소 | 114　• 바뤼흐 스피노자 | 125　• 에리히 프롬 | 135　• 공자(孔子) | 146　• 마르틴 하이데거 | 157

3장 삶의 태도를 말하는 철학 : 고통, 운명, 자유, 죽음에 대한 응답

- 프리드리히 니체 | 166
- 마르쿠스 아우렐리우스 | 177
- 키우스 안나이우스 세네카 | 187
- 에픽테토스 | 196
- 알베르 카뮈 | 205
- 미셸 드 몽테뉴 | 213

4장 세상을 바라보는 철학 : 정치, 사회, 권력, 자연에 대한 사유

- 플라톤 | 225
- 존 로크 | 236
- 노자 | 247
- 레프 톨스토이 | 257
- 에피쿠로스 | 268
- 앙리 베르그송 | 279

프롤로그

'내가 철학을 몰랐다면 과연 인생을 논할 수 있었을까.'
이 책을 집필하며 머릿속에 수없이 맴돌던 질문이다.

오랫동안 철학을 읽고, 배우고, 삶에 적용하려 애써왔다. 그 덕분에 불안과 흔들림 속에서도 마음을 다잡을 수 있었고, 무너질 듯한 시절을 견디며 지금까지 걸어올 수 있었다. 그러나 아이러니하게도 철학은 깊이 들여다볼수록 정답이 없고, 끝도 없다는 사실을 깨닫게 된다.

아마 이 책을 펼친 당신도 곧 느끼게 될 것이다. 철학에는 완벽한 정답이 없다. 하지만 철학을 모르면 '인생'이라는 단어조차 공허하게 들린다. 철학은 스스로의 무지함을 드러내지만, 바로 그 깨달음이 성장의 출발점이 된다. 발전은 언제나 '나는 모른다'라는 자각에서 시작되기 때문이다.

이 책에는 27명의 철학자와 101개의 명언이 담겨 있다. 숫자로는 단순해 보이지만, 그 안에는 수백 년을 건너온 삶의 고뇌와 지혜가 응축되어 있다. 흥미로운 건, 똑같은 주제를 두고 어떤 철학자는 A라고 말하고, 다른 철학자는 정반대의 B를 말한다. 또 철학자는 달라도 같은 뜻이 반복되기도 한다. 나는 그 모순과 반복을 의도적으로 남겨두었다.

왜냐하면 철학은 하나의 결론에 도달하는 학문이 아니라, 서로 다른 생각 속에서 스스로의 답을 길어 올리는 과정이기 때문이다.

철학자들의 가르침은 읽을 때는 그저 반듯한 말처럼 보일 수 있다. 그러나 반듯한 말일수록 실천은 어렵다. 그래서 반복해서 읽고, 마음에 새기고, 자기만의 언어로 다시 써야 한다. 좋은 문장을 읽는다고 삶이 단번에 변하지는 않는다.

그래서 책 곳곳에 필사란과 질문란도 마련해 두었다. 마음에 울림을 주는 문장을 손으로 직접 옮겨 적으며, 그 속에서 더 오래 머물길 바란다. 손끝으로 적는 순간, 철학자의 문장은 당신의 것이 되고, 질문은 당신만의 답을 찾아가는 길이 될 것이다.

이 책의 목적은 단순하다. 마지막 장을 덮었을 때, 다른 누구의 철학도 아닌 당신만의 철학이 완성되는 것. 그것이 어떤 상황에서도 당신을 지탱하는 뿌리가 되고, 길을 잃었을 때 다시 일어설 수 있는 힘이 되기를 바란다.

조금 더 쉬운 이해를 돕기 위해 철학자들의 사상을 현대적으로 요약하고, 오늘의 언어로 재해석했다. 이 철학자들의 언어를 마음 깊이 새기고 당신만의 철학을 만든다면, 이전보다 삶이 훨씬 더 단단하고 풍요로워졌음을 어느 날 문득 발견하게 될 것이다.

1장

나를 이해하는 철학
: 자기 인식과 존재의 탐구

소크라테스

　소크라테스는 고대 아테네 출신의 철학자로, 서양 철학의 출발점이다. 그는 어떤 책도 남기지 않았지만, 아테네 거리에서 사람들과 나눈 대화를 통해 철학을 실천했다. 그는 끊임없는 질문을 던지며, 스스로의 무지함을 인정하고, 상대방에게도 그것을 자각하게 했다. 당시 아테네는 전쟁과 민주주의의 변화를 겪었고, 소크라테스는 이러한 사회 속에서 진리와 올바름을 고민했다. 그 결과 그는 독배를 마시며 생을 마쳤고, 철학자로서 삶과 죽음 모두를 진지하게 마주한 인물로 남았다.

"나는 내가 아무것도 모른다는 것을 안다."

소크라테스는 아테네 사람들과 끊임없이 대화하며 하나의 중요한 진리를 발견했다. 많은 사람들이 자신이 알고 있다고 믿고 있는 것들조차, 실제로는 모호하거나 불완전하다는 사실이다.

소크라테스는 자신이 무지하다는 사실을 알고 있다는 점에서 평범한 사람보다 한 걸음 나아갔다. 그는 자만하지 않았다. 오히려 자신의 무지를 인정함으로써 겸손이 최고의 지혜임을 알았다.

진짜 지혜는 많은 지식을 쌓는 데서 시작되지 않는다. "나는 잘 모른다"는 인식에서부터 진짜 질문이 시작되고, 그 질문은 스스로를 성장시키는 문이 된다. 사고가 멈추는 순간은 "나는 안다"라고 확신하고 자만하는 순간이다.

육아를 막 시작한 젊은 부모를 떠올려보자. 그들은 책도 읽고, 강의도 듣고, 주변의 조언을 들으며 진심을 다해 아이를 키우려 애쓴다. 그러나 현실에서는 책에서 본 이론대로 해도 해결되지 않아 당황하게 된다.

이럴 때 미성숙한 부모는 "원래 다 그런 거겠지."라며 넘겨짚고 속단한다. 하지만 소크라테스는 이러한 상황에서도 잘 모르니까 더 이해하고 더 노력하려는 자세를 갖길 원한다.

자신의 무지를 인정하는 것은 성숙한 인간으로 거듭나기 위한 출발점이다. "나는 모른다"고 인식하는 순간, 우리는 타인의 이야기를 더 잘 들을 수 있고, 더 겸손하게 배우게 된다. 겸손은 더 나은 판단과 더 넓은 성찰을 가능케 한다.

소크라테스의 이 문장은 우리에게 이렇게 묻는다. "당신이 알고 있다고 말하는 것은 정말 아는 것인가? 아니면 익숙한 믿음일 뿐인가?" 내가 확신하는 신념, 옳다고 믿는 가치관 위에 다시 질문을 던질 수 있다면, 우리는 철학이 시작되는 첫 문단에 서 있는 것이다.

"너 자신을 알라."

이 짧은 문장은 고대 그리스 델포이 신전에 새겨진 말로, 소크라테스가 평생 붙들고 살아온 철학의 출발점이었다. 그는 인간이 완전한 삶을 살기 위해선 세상을 알기 전에, 먼저 자기 자신을 알아야 한다고 했다. 자신의 감정, 욕망, 두려움, 가치, 약점까지 철저히 직면하고 성찰할 수 있어야 비로소 흔들리지 않는 삶을 살 수 있다고 말했다.

우리는 종종 삶의 방향을 사회가 요구하는 길에 맡긴다. 어릴 때부터 학교에서, 가정에서, 사회에서 "이렇게 살아야 한다"는 말을 듣는다. 좋은 학교에 진학하고, 안정적인 직장에 들어가고, 누군가와 결혼하고,

집을 사고, 자녀를 키우는 일련의 과정들을 '성공한 인생'이라 여긴다.

그러나 막상 원하는 것을 이루었을 때, 묘하게도 공허함이 찾아오는 순간을 맞이한다. 도대체 왜 그럴까? 그건 '내가 누구인지'도 모른 채, 온전한 나의 삶이 아니라 '누군가의 인생 시나리오'를 따라 살았기 때문이다.

어떤 사람은 자신의 호불호를 명확히 모른채 살아간다. 무엇이 나를 설레게 하는지, 어떤 순간이 나를 답답하게 하는지, 어떤 말에 쉽게 상처를 받는지 모른 채 막연하게 산다. 이 모든 것이 '나'를 구성하는 요소들인데, 그것들을 들여다보는 대신 그냥 흘려보내며 사는 것이다.

그래서 소크라테스는 말한다.

"세상을 알기 전에, 너 자신을 먼저 알라."

그 말은 단순히 자기소개서를 잘 쓰라는 말이 아니다. 내가 진짜로 원하는 것이 무엇인지 스스로에게 질문하라는 것이다. 그것이야말로 '나'를 알려주는 단서들이다.

내가 누군지를 알아야, 어디로 가야 할지, 무엇을 해야 할지, 어떤 선택을 해야 할지도 분명해진다. 그때부터 비로소 우리는 타인의 삶을 사는 게 아니라, 내가 주인공이 되는 본연의 인생을 시작하게 된다.

"반성 없는 삶은 살 가치가 없다."

소크라테스는 인간이 단지 살아 있는 것만으로 진정한 삶을 살고 있다고 보지 않았다. 스스로를 돌아보고, 삶의 방향을 묻고, 잘못을 성찰하며 살아가는 것, 그것이야말로 인간다운 삶이라 믿었다.

하루를 살아가는 건 누구나 한다. 하지만 자신이 어떤 삶을 사는지 묻는 일은 아무나 하지 않는다. 그러나, 그렇지 않으면 남이 짜준 틀에 휩쓸려 살다가 어느 순간 자신이 누구였는지도 모르게 된다.

당신은 하루가 끝나고 침대에 누웠을 때, 오늘 하루를 어떻게 보냈는지 돌아본 적이 있는가? 모종의 이유로, 스스로에게 소홀히 굴었던 순간들이 있지는 않은가?

소크라테스의 "반성 없는 삶은 살 가치가 없다."라는 말은 지나간 삶이 가치 없다는 말이 아니다. 그 삶을 돌아보지 않으면, 같은 실수를 반복하게 되고, 자신에게조차 무관심한 사람이 될 수 있다는 경고이다.

반성으로 자신을 자책하라는 말도 아니다. 반성을 통해 나를 더 잘 알고, '내면의 나침반'을 따라 더 나은 방향으로 한 발짝 나아가라는 의미이다.

우리는 누구나 실수한다. 하지만 반성은 실수를 삶의 재료로 바꾸고, 그 재료를 성장의 걸음으로 바꾸는 힘이 된다. 그래서 반성하는 삶은 아름답고, 반성하는 사람은 조금씩 내면이 단단해지고, 삶도 나아지게 된다.

이제라도 나에게 질문을 던지자. "그 선택이 정말 최선이었을까?", "오늘 하루, 나는 누구에게 어떤 사람이었나?" 이러한 질문을 던지는 사람만이 자신의 삶을 살아가는 사람이다.

명언 필사

나는 내가 아무것도 모른다는 것을 안다.

필사: _____

너 자신을 알라.

필사: _____

반성 없는 삶은 살 가치가 없다.

필사: _____

―――― 질문과 기록 ――――

당신은 스스로를 얼마나 잘 알고 있나요?

르네 데카르트

르네 데카르트는 근대 철학의 시작을 연 프랑스 철학자이다. 수학과 철학, 과학을 넘나들며 사고의 방법을 새롭게 정의한 인물로 평가받는다. 그는 기존 권위나 전통을 따르기보단, 자신의 이성에 근거한 사고를 통해 진리를 탐구했다. 그 결과, 그의 철학은 근대 이성 중심 철학의 출발점이 되었으며, 그의 사상은 이후 철학자들에게 깊은 영향을 주었다.

"나는 생각한다, 고로 존재한다."

이 문장은 근대 철학의 시작점이 된, 데카르트의 가장 유명한 격언이다. 그는 세상에 존재하는 모든 것을 의심했다. 감각도, 꿈도, 자명한 수학적 진리도. 하지만 단 하나, '의심하고 있는 나 자신'만은 부정할 수 없었다. 왜냐하면 의심한다는 것은 곧 생각하고 있다는 것이고, 생각하고 있는 그 주체가 사라지지 않는 한, 존재는 명확하기 때문이다.

이것은 단지 철학 교과서에 나오는 논리가 아니다. 삶이 흔들리거나 자존감이 무너질 때, 세상이 나를 배척할 때 스스로를 붙들 수 있는 가장 견고한 중심축이 되어주는 말이다.

우리는 살아가며 자주 이런 의문을 마주한다. "나는 가치 있는 존재일까?", "나는 지금 제대로 살고 있는 걸까?", "다들 앞서가는데, 나는 왜 이렇게 제자리일까?" 이 물음들은 때때로 자신을 존재론적 불안에 놓이게 하고, 스스로를 축소시키고, 흔들리게 만든다.

그러나 데카르트는 "생각하는 한, 당신은 존재한다. 존재하는 한, 그 자체로 존재론적 의미를 지닌다."라고 말했다. 누군가가 당신을 무시하거나, 사회가 잣대를 들이대며 성과를 평가하는 순간에도, 당신은 끊임없이 자신을 성찰하고, 삶을 고민하고, 의미를 탐구하는 존재라는 것이다.

자신을 잃지 않는 힘은, 스스로 생각할 때 발현된다. 타인의 말이나 세상의 규범보다 더 오래 남는 건 '나의 생각'이다. 그러니 흔들릴수록, 더욱 조용히 자신의 내면에 질문을 던져야 한다.

"나는 하루를 깊이 성찰하며 살고 있는가?" 그 생각이 지속되는 한, 삶은 결코 무의미하지 않을 것이다.

"좋은 정신을 가지는 것만으로는 충분하지 않다. 중요한 것은 그것을 잘 사용하는 것이다."

데카르트는 인간에게 지능이나 뛰어난 이성적 사고력이 있다고 해도, 그 자체로 삶을 잘 영위할 수 있다고 믿지 않았다. 타고난 능력보다 중요한 건, "그 정신을 어떻게 활용하는가."를 더 중요하게 보았다.

아무리 정교하고 강력한 도구라 할지라도 방향 없이 휘두르면 누군가를 해치고, 결국 자신도 다치게 된다. 마찬가지로 인간의 정신도 도덕적·윤리적으로 올바른 방향 없이 방황하면 혼란을 증폭시키는 요인이 될 수 있다.

현대 사회는 정보와 자극을 과잉 공급한다. 무수한 영상, 기사, 댓글, 짧은 영상 등 우리는 날마다 막대한 양의 정보에 노출된다. 심지어 AI의 기술 발전이 급속히 진전된 현 시점에서는 진위를 가려내기도 어렵다.

하지만 현대인은 스마트폰 없이 살 수가 없다. 스마트폰을 통해 하루에 몇 시간씩 뉴스를 보고, SNS를 들여다보며 많은 정보를 많이 습득한다. 그러나 그것이 진실인지 허위인지 불분명하며 잘못된 정보는 점점 진실과 멀어지게 만들고 감정을 쉽게 동요시킨다.

그럴수록 필요한 건, 짧은 시간이라도 책을 읽고 성찰하며 어떤 방향으로 나아갈지 숙고하는 시간이다. 독서로 사유하는 사람은 '삶의 방향'을 진지하게 고민하는 사람이다. 우리는 모두 정신을 쓰고 있지만, 그 쓰임의 '질'은 삶의 방향을 결정짓는 핵심 요소가 된다.

스스로에게 물어보자. 나는 지금 나의 정신을 어떻게 쓰고 있는가? 그 정신은 나를 성숙시키는가, 아니면 불안과 피로 속에 억압하는가?

데카르트는 뛰어난 사고력보다, "그 사고를 어디에 쓰느냐"를 더 중요하게 여겼다. 지혜란 단순히 지적 능력의 탁월함이 아니라, 머리를 올바르게 사용하는 방법을 아는 것이다. 동일한 능력을 갖춘 사람이라도 누구는 스스로를 파괴하고, 누구는 그 능력으로 자신을 견고히 하며, 누구는 정보 속에서 길을 잃고, 또 누구는 질문을 던지며 자신의 길을 찾는다.

결국, 당신의 삶을 결정짓는 것은 당신이 가진 정신 자체가 아니라, 그 정신을 어디에, 어떻게 발현하는가이다.

지금 당신의 내면은 무엇을 향하고 있는가? 그 방향이 삶을 더 깊고 단단하게 구축하는가? 한 번쯤은 스스로에게 질문을 던져보자. 그 질문이야말로 삶의 질적 변환을 이루는 첫 번째 사유가 될 것이다.

"의심은 지혜의 시작이다."

우리는 흔히 '의심'을 불신, 불안, 불확실함 등 부정적 태도를 내포한 것으로 간주한다. 그러나 데카르트의 관점은 다르다. 그는 모든 것을 의심하는 비판적 사고에서 진정한 철학이 시작된다고 믿었다. 그 어떤 전제나 진리를 의심 없이 무비판적으로 수용할 때 더 이상 사고가 확장되지 않는다고 보았기 때문이다.

그래서 그는 세상의 모든 감각, 전통, 종교, 심지어는 수학의 확실성까지도 의심했다. 그 모든 것을 의심하는 가운데 그는 단 하나, 의심하고 있는 자기 자신만은 부정할 수 없다는 진실을 발견했다. 그리고 거기에서 "나는 생각한다, 고로 존재한다"라는 철학의 출발점이 탄생했다.

우리는 살면서 종종 확신 없이 자신을 의심하며 불안을 느낄 때가 있다. "이 길이 맞는 걸까?", "내가 옳은 선택을 한 걸까?" 그런 질문은 괴롭고 혼란스럽지만, 실은 가장 인간다운 자기 성찰이 발현되는 순간이다. 질문이 있는 곳에는 멈추지 않는 삶이 있고, 의심이 있는 곳에는 깨어 있는 정신이 존재한다.

만약 현재 당신이 진로를 고민하며 지금의 길을 가야 할지, 새로운 길로 나아가야 할지를 두고 스스로를 의심하고 있다면, 그 불안은 결코 부정적이 아니다. 그 의심 덕분에 당신은 지금까지의 삶을 돌아보고, 어떻게 살아가야 후회하지 않을지를 더 깊이 생각할 수 있다. 당신을 괴롭히는 불편함이 결국 당신을 성장시키고 더 나은 결정을 하게 만든다.

맹목적인 확신은 우리를 성급히 몰아가지만, 그 끝은 종종 무감각하고 반복된 오류이다. 반대로 의심은 우리를 조금 천천히 가게 만들지만, 그 느림 속에서 더 넓은 시야와 더 심층적인 통찰을 얻게 된다.

"진짜 지혜는 질문에서 시작된다."라는 데카르트의 문장처럼, 질문 없는 확신은 공허한 껍데기일 뿐이고, 불편한 의심은 오히려 변화와 성숙의 문을 여는 열쇠가 된다.

당신은 지금 무엇을 의심하고 있는가? 그 의심을 피하지 말고, 정면에서 바라보라. 그 속에 지금의 나를 넘어서는 다음 '나'가 자라고 있을지도 모른다.

"잘 쓰인 책을 읽는 것은
과거의 가장 뛰어난 사람들과 대화하는 것과 같다."

데카르트는 책을 단순히 지식의 저장소로 보지 않았다. 그는 책을 시간과 공간을 뛰어넘는 지성들과의 조용한 대화라고 생각했다. 책을 펼치는 순간, 우리는 과거의 철학자, 예술가, 과학자, 사상가와 눈을 마주친다. 그들의 언어에 귀 기울이고, 그들의 고민을 함께 사유하며, 어깨를 나란히 걷는 경험을 하게 되는 것이다.

오늘날 우리는 책을 접하기에 가장 유리한 시대에 살고 있다. 종이책, 전자책, 오디오북 등 매체는 다양하고 접근은 즉각적이다. 그러나 아이러니하게도, 실제로 책을 읽는 사람은 점점 줄어들고 있다. 대신 더 빠르고 짧은 콘텐츠, 요약된 영상, 자극적인 문장들이 우리의 시간을 조금씩 잠식해 간다.

하지만 생각해 보자. 책은 단순한 정보가 아니라, 누군가의 고요한 사유가 오랜 시간 축적되어 만들어진 결정체이다. 좋은 책 한 권에는 그 사람이 평생을 들여 얻은 통찰이 고스란히 담겨 있다. 독서는 그 사람의 삶을 천천히 빌려 나의 삶을 재구성하고 정리하게 도와준다. 인생에서 매우 귀중한 시간이다.

혼란스러운 시기를 겪고 있을 때, 책 속의 문장 하나가 뜻밖의 위로가 되어주거나, 풀리지 않던 고민에 실마리를 건네준 적은 없었는가? 그 순간 책은 단순한 종이가 아니라, 나를 이해해 주는 조용한 친구이자, 어두운 터널 끝을 밝히는 등불이 된다.

그래서 책은 시간이 나면 읽는 것이 아니라, 의도적으로 시간을 할애하여 읽어야 한다. 그리고 책을 읽는다는 건 '내 삶을 천천히 생각하겠다'는 의식 있는 다짐이기도 하다.

데카르트는 통찰했다. 문장을 따라가다 보면, 우리는 결국 '나는 누구인가', '어떻게 살아야 하는가'라는 가장 근본적인 물음과 마주하게 된다는 것을. 그렇기에 그는 독서를 단순한 정보 습득 행위가 아닌, 자기 자신과의 철학적 대화라고 여겼다.

지금 이 책을 펼쳐 읽는 당신도, 단순히 글을 훑는 행위에 그치지 않길 바란다. 철학자들의 문장을 통해 그들과 대화하고 있다고 생각한다면, 그들이 겪고 깨달은 것을 바탕으로 당신의 삶에 더 나은 길잡이가 되어줄 것이다.

명언 필사

나는 생각한다, 고로 존재한다.

필사: _____

좋은 정신을 가지는 것만으로는 충분하지 않다. 중요한 것은 그것을 잘 사용하는 것이다.

필사: _____

의심은 지혜의 시작이다.

필사: _____

잘 쓰인 책을 읽는 것은 과거의 가장 뛰어난 사람들과 대화하는 것과 같다.

필사: _____

―――― 질문과 기록 ――――

지금 당신의 이성과 정신은 어떤 방향으로 사용되고 있나요?

임마누엘 칸트

임마누엘 칸트는 독일 쾨니히스베르크에서 태어나, 평생 그 도시를 떠나지 않고 철학자로 살았다. 그는 이성의 한계를 밝히고, 도덕과 인간의 자유 의지를 철학의 중심에 둔 인물이다. 정언명령이라는 개념을 통해, 인간이 어떻게 도덕적으로 행동해야 하는지를 설명했다. 그의 삶은 철저히 규칙적이었고, 그의 철학 역시 명확하고 엄격했다. 그는 감정이 아닌 이성, 이익이 아닌 의무에 따라 살아야 한다고 가르쳤다.

"하늘에 별이 빛나고 내 마음엔 도덕률이 있다."

칸트가 남긴 이 말은 자연의 질서와 인간의 내적 양심을 연결한 깊은 통찰이다. 그는 하늘의 별처럼 우리 마음속에도 스스로를 바르게 이끄는 도덕의 별빛이 존재한다고 보았다.

밤하늘을 수놓은 별이 질서와 조화를 따라 빛나듯, 우리 마음속 도덕률 또한 삶을 올곧게 인도하는 기준이 된다. 그것은 외부에서 강요한 규칙이 아니라, 양심의 소리로 조용히 울려 퍼지는 자율적 음성이다.

예를 들어, 엘리베이터에서 늦게 오는 사람을 위해 '닫힘' 대신 '열림' 버튼을 눌러주는 행위, 지하철에서 자발적으로 자리를 양보하는 행위처럼 평범한 순간들이 바로 마음속 도덕률이 발현되는 장면이다.

이는 겉보기에는 평범할지라도, 결코 하찮은 일이 아니다. 하루에 한 번, 내가 할 수 있는 작고 선한 선택들을 따라가다 보면, 그 안에 인간다운 삶이 살아 숨 쉰다.

현재 당신은 어떠한가. 타인에게 진실된 마음으로 살고, 남이 보지 않아도 정직하고, 배려심 깊고 따뜻하게 살고 있는가. 아니면 쾌락과 무관심에 익숙해져 도덕의 빛을 등진 채 살고 있는가.

만약 도덕률 없이 살았더라도 괜찮다. 중요한 건 완벽함이 아니라, 지금부터 다시 마음을 재정비하고 살아가는 자세이다.

사소한 실천 하나가 세상을 바꾼다. 이웃을 만나면 반갑게 인사하고, SNS에서 악플 대신 응원의 글을 달아주고, 길거리를 지날 때 바닥에 널브러진 쓰레기를 줍는 일처럼 소소한 행동들이 도덕률을 빛나게 한다. 그 빛은 나를 지키고, 주변을 밝히고, 세상을 조금씩 인간미 넘치는 공간으로 바꾼다.

칸트가 말한 도덕률은 밖에서 주어지는 게 아니라, 내면에서 끊임없이 울리는 조용한 소리이다. 그 소리를 듣고 살아가는 사람은 흔들리지 않고, 어떤 혼란 속에서도 중심을 잃지 않는다.

세상을 바꾸고 싶다면, 거창한 것이 필요하지 않다. 별처럼 조용하지만 강하게 빛나는 마음속 도덕률을 잊지 않고 살아가는 것. 그게 바로 인간다운 삶의 근본 원리이다.

"네가 원칙으로 삼을 수 있는 방식으로만 행동하라."

이 문장은 칸트 윤리학의 핵심을 가장 간결하게 담고 있다. 그는 도덕이란 '결과'의 문제가 아니라, '기준'의 문제라고 말한다. 즉, 지금 내가 하려는 행위가 불특정 다수에게도 하나의 원칙이 될 수 있을 때, 그 행동은 도덕적이다. "내가 하려는 일을 모든 사람이 따라 해도 괜찮은가?" 이 질문에 자신 있게 '예'라고 답할 수 있을 때만, 그 행동은 윤리적일 수 있다.

칸트는 흔히 말하는 '상황 따라 다르게'의 윤리를 거부했다. 어떤 행동이 일시적으로 원하는 결과를 낳았더라도 그 행동이 모두에게 보편화될 수 없다면, 그것은 정당화될 수 없다고 본 것이다. 윤리란 모두에게 동일하게 적용되어도 사회가 무너지지 않는 원칙일 때만, 진짜 윤리가 될 수 있다.

가령, 가족 간에 불화가 발생했다고 하자. 갈등 상황에서는 각자의 입장을 경청하고 조화로운 해결책을 모색하는 것이 합리적이다. 그러나 양쪽 의견을 듣지 않고 한쪽의 주장만을 일방적으로 수용하여 상대를 단정 짓는다면, 이해와 배려는 사라지고 불신과 오해만 남는다. 감정은 이해되지만, 원칙 없는 반응은 결국 더 큰 상처를 낳는다. 이런 순간일수록 '모두에게 적용할 수 있는 기준'이 필요하다.

또 다른 예로, 아무도 보지 않을 때 길거리에 쓰레기를 투기하는 행위는 단발적 사건으로는 사소해 보일 수 있다. 그러나 그 행동이 보편화되어 자리 잡는 순간, 도시의 질서는 무너지고 공동체는 금세 혼란에 빠질 것이다. 결국 그 행동은 '모두가 따라도 괜찮은 행동'이 되지 못한다.

그래서 칸트는 우리에게 묻는다. "내가 하려는 이 행동이, 모두의 기준이 되어도 괜찮은가?" 그 질문 앞에서 망설임이 생긴다면, 그 행동은 다시 생각해 보아야 한다. 도덕적 기준은 그저 사회적 평가를 위해 필요한 것이 아니라, 혼란 속에 나를 지켜주는 울타리이며, 흔들려도 제자리로 돌아오게 하는 나침반이다.

감정은 흔들리지만, 원칙은 흔들리지 않는다. 오늘 내가 한 말, 내가 보인 태도, 내가 한 선택에 보편타당한 기준이 있다면 시간이 흘러도 부끄럽지 않을 수 있다. 결국, 원칙은 타인을 위한 것이 아니라 나 자신을 존중하는 방식이고, 내가 어떤 사람인지 드러내는 거울이다.

타인에 대해 함부로 말하지 않고, 감정에 휘둘리지 않으며, 약속을 경시하지 않는 사람은 단단한 원칙 속에서 자신의 삶을 지켜가는 사람이다.

세상이 혼란스러울수록, 원칙은 더욱 빛난다. 그리고 그 원칙을 지켜내는 당신이야말로 진정 멋진 사람이라는 걸 잊지 말자.

"사람을 수단이 아니라 목적으로 대하라."

칸트는 인간이 단순히 어떤 목표를 달성하기 위한 도구로 취급되어선 안 된다고 말했다. 사람은 그 자체로 목적이며, 존엄을 지닌 존재이기 때문이다. 누군가를 통해 이익을 얻거나 원하는 걸 이루려는 순간,

그 사람의 고유한 인격을 인지하지 못하고 단지 '수단'이 되어버린다. 그건 곧 타자의 존재를 지워버리는 일이다.

당신도 혹시, 누군가에게 친절을 베풀면서도 내심 '이 사람이 나중에 내게 도움이 되겠지'라고 계산을 품은 적은 없는가? 겉으로는 예의 있고 따뜻한 태도를 보일지라도, 마음속에는 거래하듯 계산이 깔려 있다면 그 친절은 이미 진심이 아니다. 그 사람은 더 이상 사람이 아닌 '도구'가 되어버린다.

반면에, 아무런 이익이나 대가를 바라지 않고 누군가를 따뜻하게 대해준 적이 있다면 그건 그 사람을 '존재 그 자체'로 인정하고 존중한 것이다. 이익과 상관없이 누군가를 존중하는 태도에서 진짜 인간관계가 시작된다.

진심은 대가를 요구하지 않는다. 존엄은 계산 위에 세워지지지 않는다. 인간은 외모, 능력, 지위와 무관하게 누구나 존엄을 지닌 존재다. 모든 인간은 그 자체의 목적으로서 대우받아야 하는 것이다.

사회적 지위가 낮은 사람을 무시하거나, 오직 '내게 이익이 되느냐'만으로 그 사람을 판단하는 태도는, 결국 나 자신조차 도구화시키는 일이다. 내가 타인을 수단으로 대하는 순간, 내 존재 또한 그만큼 인간성을 상실한다.

인간은 누구의 도구도 아니다. 사람은 단지 '이용 가능한 대상'이 아니라, 존재 자체로 귀하고 완전한 목적이다. 이를 망각할 때, 인간은 본연의 인간다움을 잃는다.

칸트의 "사람을 수단이 아니라 목적으로 대하라."라는 말은 단지 도덕적인 요청이 아니다. 인간에 대한 근본적인 존중이자, 우리가 어떤 존재로 살아가야 하는지를 묻는 철학적 기준이다.

타인에 대한 나의 태도는 결국 내가 나 자신을 어떻게 대하고 있느냐에 따라 그대로 드러낸다. 당신은 지금 상대방을 진심으로 대하고 있는가, 아니면 손익만을 따지고 있는가. 당신의 선택이 오늘 당신의 인격을 만들어 갈 것이다.

"자유란 스스로에게 법을 부여하는 것이다."

칸트는 자유를 단순한 해방이나 충동적 선택이 아니라, 스스로 세운 원칙에 따라 살아가는 것이라 정의했다. 누군가가 명령하지 않아도, 누군가의 감시가 없어도 자기 자신이 세운 기준에 따라 사는 사람, 그 사람이야말로 진정 자유로운 존재라는 것이다.

겉보기에 자유로워 보이는 삶이 실제로는 방종에 불과할 수 있다. 하고 싶은 대로 행한다고 해서 반드시 자유로운 것은 아니다. 오히려 욕망에 끌려다니는 사람은 겉으론 자유롭지만, 사실은 욕망을 통제하지 못하는 상태이다.

예컨대 밤늦게까지 넷플릭스를 보고 다음 날 중요한 일정을 망쳐 후회한다면, 그건 그 사람이 자유로운 것이 아니라 욕망에 휘둘린 결과이다. 자유로운 선택은 '본능'을 따르는 것이 아니라 '기준'을 따라 움직이는 것이다.

또 다른 예로 모두가 휴식할 때 홀로 도서관에 머물며 공부하는 학생이 있다. 외부의 강요나 불안 때문이 아닌, 스스로 설정한 목표와 원칙을 지키려는 마음으로 학업에 임한다. 그 선택은 결코 강요된 게 아니다. 겉으로는 학업에 구속받는 것처럼 보이지만, 본능에 이끌리지 않고 스스로 정한 원칙대로 행동하는 것이 진짜 자유의 모습이다.

자유는 하고 싶은 걸 다 누리는 상태가 아니다. 하고 싶지 않은 것을 스스로 절제하고 거절할 수 있는 힘, 그것이 진짜 자유이다.

누군가 말로 상처를 줬을 때 즉각적으로 화를 내는 대신, 스스로 정한 기준에 따라 침착하게 반응할 수 있다면 그 사람은 타인에게 휘둘리는 사람이 아니라 자신의 감정을 다스릴 줄 아는 사람이다. 감정을 통제하는 자만이 세속의 유혹과 도발에 흔들리지 않는다.

칸트의 자유는 "방종이 아닌 자기 통제"이며, 자유란 모든 규칙을 부정하는 것이 아닌 자기 삶에 가장 필요한 규칙을 스스로 창조해내는 힘이다.

지금 당신은 자유로운 삶을 살고 있는가. 아니면 외적으로는 자유로워 보이지만, 욕망의 노예가 된 삶을 살고 있는가. 정해진 기준 없이 그저 본능대로 살고 있다면, 아직 나에게 스스로 세운 법이 없기 때문일지도 모른다.

이제는 타인이 강요한 규칙이 아니라, 내가 나에게 지키고 싶은 법을 부여해 보자. 이 법은 족쇄가 아니라 내 삶을 곧고 올바르게 지탱해 주는 끈이 되어줄 것이다.

──────── **명언 필사** ────────

하늘에 별이 빛나고 내 마음엔 도덕률이 있다.

필사: _____

네가 원칙으로 삼을 수 있는 방식으로만 행동하라.

필사: _____

사람을 수단이 아니라 목적으로 대하라.

필사: _____

자유란 스스로에게 법을 부여하는 것이다.

필사: _____

──────── 질문과 기록 ────────

당신은 자신만의 도덕의 기준은 세우고 지키며 살고 있나요?

장 폴 사르트르

　장 폴 사르트르는 프랑스의 대표적인 실존주의 철학자이자 소설가, 극작가였다. 그는 인간은 본질 없이 태어나고, 스스로 선택을 통해 자신의 본질을 만들어간다고 주장했다. 자유와 책임을 핵심 주제로 삼으며, '실존은 본질에 앞선다'라는 말을 통해 인간은 먼저 존재한 뒤 스스로의 의미를 창조해야 한다고 강조했다. 그는 2차 세계대전 중 저항운동에 참여했고, 철학뿐 아니라 사회와 정치에도 적극적이었다. 노벨문학상을 수상했지만 권위를 거부하며 수상을 거절한 일화는 그가 얼마나 자유에 집착한 사유가였는지를 보여준다.

"실존은 본질에 앞선다."

이 문장은 사르트르 실존주의 철학의 핵심이자, 인간 존재에 대한 가장 급진적이고도 해방적인 선언이다. 그는 인간은 정해진 본성을 갖고 태어나는 존재가 아니라, 세상에 던져진 뒤 자신의 선택과 행동을 통해 스스로를 만들어가는 존재라고 말했다.

"나는 원래 이런 사람이야." 우리는 종종 자신을 이렇게 정의 내리곤 한다. 그러나 사르트르는 그런 말을 의심해 보라고 말한다. 그 말은 변화에 대한 저항이나 책임에 대한 회피일 가능성이 높기 때문이다. 게으름, 두려움, 우유부단함은 '타고난 성격'이 아니라 반복적으로 선택하여 누적된 결과일 수 있다.

무대 공포증이 있던 학생이 어느 날 용기를 내어 수업 시간에 발표를 했다고 해보자. 처음엔 떨리는 목소리로 몇 마디 말하는 것조차 어려웠지만, 그는 계속해서 무대에 서는 훈련을 거듭했고, 결국 사람들 앞에서 자신의 생각을 명료하게 말할 수 있는 사람이 되었다. 그는 이제 더 이상 '소심한 사람'이 아니다. 자신의 성격을 탈피하고 자신을 새롭게 써 내려가기 시작한 진취적 주체이다.

부지런한 사람이란 어떤 사람인가. 태어날 때부터 아침형 인간으로 태어났을까? 아니다. 어떤 이는 게으른 자신에게 실망해서 아침 일찍

기상하기로 결단했고, 힘들지만 자신을 단련하며 그 결단을 계속해 냈다. 그리고 그의 노력을 보지 못한 주변 사람들은 "저 사람은 원래 부지런해."라고 말할 것이다. 그러나 '원래'라는 건 없다. 오늘의 반복된 실천이 내일의 본성을 만들 뿐이다.

이처럼 "인간은 자신의 행위의 총합이다." 그 말은 곧, 우리는 무엇을 '할 수 있는 존재'가 아니라, '선택하고 실천하는 존재'라는 뜻이다. 누군가의 방식대로 살아가는 것이 안전할 수는 있지만, 그것은 살아 있는 삶이 아니다. 진정한 삶은 내가 선택한 방향으로, 내 발로 한 걸음씩 전진하는 것에서 시작된다.

부정적인 말을 자주 내뱉는 사람은 점점 더 부정적인 사람이 된다. 반면 작은 일에도 감사하고 긍정적인 태도를 유지하려는 사람은 삶 전체의 분위기를 바꾼다. 매일이 별것 없어 보이지만, 그 하루가 쌓이고 쌓여 평생의 방향을 결정한다.

지금의 삶이 무기력하거나 답답해도 벗어나지 못하는 이유는, 결국 '변화를 선택하지 않았기 때문'이다. 지금의 상태를 유지하고 있는 것조차 하나의 무의식적 선택이다. 사르트르는 인간이 곧 '선택의 존재'라고 말한다.

변화를 바라는가. 그렇다면 거창한 목표보다 먼저, 지금 이 순간의 작은 결단부터 시작해야 한다. 오늘 내가 품은 생각, 건넨 말, 보여준 태도, 선택한 행동. 그 모든 것이 모여 내일의 나를 만든다.

사르트르는 우리에게 말한다.

"당신은 무엇이든 될 수 있다. 다만 스스로 선택하지 않을 뿐이다."

그러니 누군가가 되기를 기다리지 말고, 지금 당신이 되고 싶은 모습을 향해 먼저 걸어가라. 그 선택이 바로, 당신의 삶이 될 것이다.

"인간은 자유를 선고받은 존재다."

사르트르는 인간은 단순히 자유로운 존재가 아니라, 자유를 운명처럼 선고받은 존재라고 말했다. 이 말은 자유가 단순한 권리가 아니라, 피할 수 없는 의무이자 존재의 조건이라는 뜻이다.

우리는 세상에 태어나는 순간부터 선택할 수 있는 자유를 부여받았고, 동시에 그 선택의 결과에 대한 책임도 짊어진다. 자유는 해방처럼 보이지만, 때로는 버거운 짐이 되기도 한다.

어떤 사람이 여러 번 취업을 시도했지만 계속 실패했고, 결국 오랜 시간 집에서 머무르게 되었다고 하자. 그는 요즘 세상이 너무 어렵다며 현실을 탓하거나, "나는 해봤자 안 되는 사람이야."라며 자조적인 태도를 보일 수도 있다.

그러나 사르트르의 말대로라면 그는 스스로 "선택을 멈춘 것이다." 포기 또한 하나의 선택이며, 그 책임은 온전히 그 결정을 내린 사람에게 있다.

따라서 자유로운 사람은 외부 상황이 어떠하든, 내가 어떻게 반응할 것인지 스스로 결정할 수 있는 주체이다.

인생을 살다 보면 때로는 환경이 불리하고, 결과가 실망스러울 때도 있다. 하지만 우리는 생각하고, 결단하고, 다시 도전할 수 있다. 가능성이 있는 한, 인간은 여전히 자유롭다. 자유는 당신에게 무한한 가능성을 주지만, 동시에 자신의 삶을 스스로 책임져야 하는 과제를 부여한다.

그래서 "당신이 누구인지 결정짓는 건 외부가 아니라 당신 자신이다." 그러니 어떤 실패 앞에서도 포기하거나 주저앉지 말자. 포기하지 않는 선택, 다시 일어서는 선택, 그 모든 자유로운 선택들이 결국 당신을 완성한다.

자유는 당신에게 무엇이든 될 수 있는 기회를 부여하지만, 그 기회를 진짜 삶으로 전환시키는 것은 '책임'이라는 이름의 용기임을 잊지 마라.

"타인은 나의 지옥이다."

 이 말은 사르트르의 희곡 《닫힌 방》에 나온 유명한 문장이다. 거칠고 냉소적으로 들릴 수 있지만, 그 속엔 타인의 시선에 얽매인 인간 존재의 불안과 고통이 녹아 있다. 사르트르는 인간이 스스로 자유롭게 존재해야 한다고 믿었다. 하지만 현실에서는 타인의 평가, 시선, 기대에 끊임없이 노출되고 그것이 우리의 자유로운 선택과 자아를 억압한다고 그는 지적했다.

 종종 누군가의 눈빛, 말투, 표정 하나가 마음을 흔드는 경험이 있지 않은가? "저 사람이 나를 어떻게 생각할까?", "이렇게 말하면 이상하게 보이지 않을까?" 와 같은 생각들이 마음속에서 멈추지 않고 맴돈다.

 그래서 자신의 진심보다는 타인이 원하는 모습을 연기하고, 자신의 선택보다는 타인의 기준에 맞추는 삶을 산다.

 요즘 사람들을 보면 SNS에 사진 하나 올릴 때조차도 '좋아요' 수를 의식하거나, 다른 사람들의 반응을 예측하며, 자연스러운 감정 표현을 억누르며 산다. 또 친구들과의 모임에서는 자신의 의견을 표현하는 걸 망설이고, 다수의 분위기에 맞춰 원치 않아도 고개를 끄덕이는 경우도 있다. 이처럼 우리는 '내가 누구인가'보다 '타인에게 내가 어떻게 보이는가'를 먼저 생각하고 사는 것이다.

학교에서, 가족 안에서, 연인 사이에서도 이 감정은 비슷하게 작동한다. 내가 좋아하는 옷을 입기보다는 '부담스럽지 않게' 보일 만한 옷을 선택하고, 내가 원하는 직업보다 '사회가 인정하는' 길을 택하려 한다. 이럴 때, 타인의 시선은 삶의 방향을 조정하는 보이지 않는 손이 된다. 사르트르는 바로 이 억압된 자유의 순간을 '지옥'이라고 부른 것이다.

하지만 그는 단순히 사람을 멀리하라는 게 아니다. 문제는 타인이 아니라, 타인에게 나를 의탁하는 내 태도이다. 사르트르는 "인간은 자유를 선고받은 존재이며, 자신의 존재를 스스로 선택할 책임이 있다."라고 말하며, 누가 어떻게 평가하는지와 무관하게 내가 어떤 사람인지 결정할 권한과 선택 또한 오로지 나 자신의 몫이라고 했다.

'타인은 나의 지옥'이라는 말은 사람을 피하라는 경고가 아니라, 타인의 거울에 자신을 가두지 말라는 철학적 선언이다. 진정한 자유란 타인의 시선에 서 있는 내가 아니라, 나 자신의 물음 앞에 솔직한 응답을 내놓고 서 있는 나로부터 시작된다.

── **명언 필사** ──

실존은 본질에 앞선다.

필사:

인간은 자유를 선고받은 존재다.

필사:

타인은 나의 지옥이다.

필사:

――――――― 질문과 기록 ―――――――

당신은 지금 삶을 직접 선택하고 있나요, 아니면 타인이나 상황 탓하며 살고 있나요?

쇠렌 키르케고르

　쇠렌 키르케고르는 덴마크의 철학자이자 신학자, 실존주의의 선구자이다. 그는 삶의 진정성, 선택, 불안, 신 앞의 개인 등을 깊이 있게 사유했다. 당시 유럽 사회는 합리주의와 교회 권위가 지배하던 시대였고, 키르케고르는 집단의 체계보다 개인의 내면과 결단을 강조했다. 그는 자기 삶을 반성하고, 인간의 실존적 고통을 글로 풀어내며 철학을 삶의 중심으로 끌어올렸다. 그는 짧은 생애 동안 많은 글을 남겼고, 그중 다수가 익명으로 발표되어 자기 존재의 복잡함을 드러냈다.

"죽음 앞에서 인간은 진지해진다."

키르케고르는 인간이 삶의 본질을 가장 깊이 통찰하 순간이 바로 죽음을 인식할 때라고 말했다. 평소에는 일상에 쫓기고, 관계에 집착하고, 성취와 소유에 마음을 빼앗기며 살지만, 죽음이라는 개념이 다가올 때 우리는 문득 멈춰 서서 묻게 된다. "나는 왜 이렇게 살고 있는가?"

죽음을 떠올리는 과정은 두려움을 동반할 수 있다. 하지만 오히려 그 두려움이 삶의 방향을 재정립할 기회를 만들어준다. 우리는 죽음을 의식할 때, 비로소 삶의 크기와 밀도를 다시 체감하게 된다.

가까운 사람의 장례식장을 다녀온 적 있는 사람은 더욱 공감할 것이다. 불과 얼마 전까지 함께 밥을 먹고 웃고 즐기던 사람이 갑자기 사라졌다는 현실 앞에서, 여러 감정을 느끼며 모든 일이 허무하게 느껴지고, 사소했던 일상이 얼마나 소중한지 깨닫게 된다.

평소에는 잔소리처럼 넘겼던 가족의 말, 친구의 인사, 익숙한 일상의 장면들이 소중해지고, 그 모든 것들이 죽음을 생각하는 순간, 사라지지 않도록 꼭 붙잡고 싶은 시간들로 변한다.

또한 죽음을 자각하는 사람은 삶을 함부로 소비하지 않는다. 시간의 유한성을 마음속으로 되새기며, 미루지 않고 말하고, 사소한 일에도 마음을 담으며, 지금 이 순간의 선택에 더 진지해진다. '내일도 있을 것이다'라는 안일함 대신, '오늘이 마지막일 수도 있다'는 겸허함으로 하루를 대하게 된다.

키르케고르는 말한다. 죽음을 기억하는 건 삶을 포기하는 게 아니라, 삶을 더 진하게 체험하기 위한 각성이라고. 죽음을 의식할수록 오늘이 더 소중해진다. 관계는 더 깊어지고, 말은 진심을 담아 발화되며, 행동이 더 따뜻해진다.

죽음에 대한 생각은 철학적 사유의 출발점이다. 수많은 예술가들이 죽음을 노래하고, 다수의 철학자들이 죽음을 탐구하는 까닭은, 그 끝을 생각할 수 있을 때 비로소 지금이라는 순간의 소중함을 제대로 느낄 수 있기 때문이다.

지금 키르케고르는 조용히 묻는다. "만약 오늘이 삶의 마지막이라면, 지금 이 순간을 어떻게 살겠는가?" 그 물음 앞에 진지하게 생각해보자. 그 진지함이 바로, 살아 있는 자의 특권이다.

"인생은 뒤를 돌아보며 이해되고, 앞으로 살아가야 한다."

키르케고르는 삶이 오직 뒤를 돌아볼 때 이해되지만, 그럼에도 우리는 앞으로 나아가야 한다고 말했다. 이 말은 단순히 과거에 머물라는 뜻이 아니라, 삶의 의미와 이유는 대부분 지나간 후에야 비로소 보이고, 지금 이 순간의 혼란과 불확실함도 언젠가는 이해될 수 있다는 말이다. 삶은 미래를 향해 흘러가지만, 그 의미는 항상 과거 속에서 천천히 완성된다.

살다 보면 이해되지 않는 일이 많다. 열심히 준비한 시험에 불합격하고, 진심을 다했던 관계가 끝나며, 내 의도와 다르게 일이 틀어지는 그 순간엔 그 어떤 의미도 찾기 어렵다. 그러나 시간이 지나 회고했을 때, 그 사건이 나를 더 단단하게 만들고, 더 나은 방향으로 전환하게 했음을 알게 되는 때가 있다.

어떤 이는 꿈꾸던 직장에 떨어지고 잠시 방황하지만 예상치 못한 기회를 만난다. 그리고 그때는 실패처럼 느껴졌던 일이, 오히려 자신에게 더 적합한 길로 인도한 결정적 순간이었음 몇 년 후에서야 깨닫는다. 그 깨달음은 오직 과거를 살아낸 사람만이 소유할 수 있는 선물이다.

이처럼 이해는 늘 늦게 찾아온다. 하지만 그 늦음을 탓할 필요는 없다. 현재 이해되지 않는다고 해서 지금 겪는 일이 무의미한 것이 아니기 때문이다.

키르케고르는 삶을 '앞으로 살아가는 것'과 '뒤를 돌아보며 이해하는 것'은 동시에 일어날 수 없는 두 층위의 활동이라고 말했다. 우리는 종종 내게 발생하는 상황을 이해하고 싶어 조급해지고, 이 고통의 이유가 뭐냐고 다그치기도 한다. 하지만 그 모든 물음에 대한 응답은 지금이라는 시간을 관통한 다음에 도달한다.

그러니 지금 이해되지 않아도 염려할 필요 없다. 지금 경험하는 혼란, 슬픔, 실패는 앞으로의 삶을 채워갈 중요한 조각이 될 수 있다. 중요한 건 그 조각을 성실히 품고 살아가는 일이다.

요즘 힘든 하루를 보낸 이가 있다면, 키르케고르의 문장이 위로가 되었으면 한다. "지금 이 일이 왜 일어났는지 모르겠지만, 언젠가 이 오늘이 당신을 설명해 줄 아름다운 날이 찾아올 것이다."

"불안은 자유의 현기증이다."

키르케고르는 인간이 진정으로 자유로워지는 순간, 반드시 불안이라는 감정이 따라온다고 말했다. 불안은 무언가 잘못된 상태가 아니라, 자유롭게 선택할 수 있는 인간만이 느낄 수 있는 감정이라는 것이다.

자유란 방향 없는 해방이 아니라 수많은 가능성 앞에서 스스로 운전대를 잡고 방향을 결정하는 일이다. 우리는 종종 선택 앞에서 중심을 잃고 흔들릴 때가 많지만, 그 흔들림이 바로 '자유의 현기증'이며, 그 심리적 상태를 키르케고르는 불안이라 부른다.

결혼을 앞둔 연인이 있다고 하자. 서로 사랑하지만, 막상 현실적인 조건과 각자의 삶의 방식, 미래의 책임들을 고려하면 갑작스럽게 막막하고 두려워지면서, "정말 이 선택이 맞을까?"란 의문이 들기도 할 것이다. 그 의문과 떨림은 사랑이 부족해서가 아니라, 새 삶을 선택한다는 것 자체가 두렵고 진지한 일이기 때문이다.

또 다른 예로, 어떤 청년이 도시를 떠나 시골에서 작은 책방을 열기로 결심했다. 이때, 청년은 좋아하는 일을 하는 설렘과, 사회적 기준에서 벗어났다는 불안을 동시에 느낀다. 삶을 새롭게 구성하는 자유, 그 자유 앞에서 느껴지는 현기증은 너무나 자연스러운 것이다.

그러나 우리는 나의 근간을 흔드는 불안을 종종 기피하려 한다. 하지만 키르케고르는 삶을 스스로 개척하려는 자에게 불안은 자연스러운 것이니 회피하지 말라고 말한다.

자신의 삶을 자율적으로 선택하지 않는 사람은 불안을 느끼지 않는다. 남들이 정한 규칙과 방법을 따라가기만 하는 사람은 고민할 필요가 없다. 오직 스스로의 삶을 결정하려는 사람만이, 책임의 무게와 불안을 직면하게 된다.

그래서 불안한 감정이 촉발된다고 해서 애써 외면하거나 도망칠 필요는 없다. 열심히 살아도 자꾸만 불안한 감정이 든다면, 이는 현재 당신이 삶을 잘 살고 있다는 증거이다.

그러므로 마지막으로 키르케고르의 문장을 다시 한번 마음 깊이 되새기길 바란다. "불안은 자유의 현기증이며, 그 현기증을 견디는 자만이 자신의 인생을 잘 개척할 수 있다."

당신이 불안을 회피하지 않고 온전히 맞닥뜨린다면, 당신은 지금보다 더 성장하고 더 나은 삶을 영위할 것이다.

"신 앞에 홀로 선 인간이 되어야 한다."

키르케고르는 인간을 '신 앞에 홀로 선 존재'라고 규정했다. 이는 종교적 신념만을 뜻하는 것이 아니다. 그는 인간이 자신의 삶을 완전히 책임지는 태도, 타인의 시선이 아니라 자기 내면의 진실 앞에 서는 것을 강조했다.

대부분의 사람은 다수의 의견에 숨으며 산다. "다들 그렇게 하니까.", "내가 이상한 게 아니었어." 이런 말들은 우리에게 안도감을 주지만, 동시에 생각을 멈추게 하고, 책임을 분산시키는 가장 편리한 변명이 되기도 한다.

키르케고르는 바로 이 지점을 비판했다. 그는 인간이 '자기 삶의 주인이 되려면' 언젠가는 반드시 모든 변명과 기준을 내려놓고 홀로 서야 하는 순간이 찾아온다고 말했다. 그 순간엔 아무도 대신 결정을 내려주지 않으며, 그 결과도 누구 탓을 할 수 없다.

예를 들어, 친한 친구들이 특정 인물을 험담하거나 조롱할 때, 웃으며 맞장구치면 분위기는 유지된다. 그러나 내면에서 "이건 아니다"라는 조용한 신호가 울릴 때, 분위기에 동조하지 않고 침묵하거나 다른 말을 건넨다면 그건 단순한 도덕적 반응을 넘어 내 양심과 단독으로 마주한 진실한 태도이다.

키르케고르는 이러한 진실한 사람이 군중 속에서도 자기 자신으로 존재할 줄 아는 사람이라고 말한다. 그는 '모두가 하는 방식'이 아닌 '내가 옳다고 믿는 방식'을 따를 수 있을 때 비로소 자기 자신이 된다고 보았다.

사실 이는 결코 쉬운 일이 아니다. 홀로서기란 외롭고 두려운 일이며 때로는 많은 질타와 위험이 동반된다. 그러나 진정한 자아를 실현하고자 한다면 누군가는 반드시 그 외로움을 감수해야 한다. 그 고독 안에 진정한 자율성과 인간성이 깃들어 있기 때문이다.

인생에서 가장 근본적인 질문은 "사람들이 뭐라고 할까"가 아니다. "나는 지금 이 선택이 떳떳한가"이다. 그 질문 앞에 선 사람만이 많은 사람들 속에서도 자신의 목소리를 잃지 않고 살아갈 수 있다.

결국, 진짜 나로 살아가는 건 내 선택의 책임을 온전히 감당하겠다는 의지이다. "타인이 아니라, 내가 직접 내 삶을 선택하는 것." 그 순간에 비로소 우리는 신과, 삶 앞에서, 그리고 자기 자신 앞에서 홀로 설 수 있는 인간이 된다.

명언 필사

죽음 앞에서 인간은 진지해진다.

필사: _____

인생은 뒤를 돌아보며 이해되고, 앞으로 살아가야 한다.

필사: _____

불안은 자유의 현기증이다.

필사: _____

신 앞에 홀로 선 인간이 되어야 한다.

필사: _____

―――― 질문과 기록 ――――

**예전에는 이해되지 않았지만,
시간이 지나고 이해되었던 순간이 있나요?**

──────── **블레즈 파스칼** ────────

 블레즈 파스칼은 프랑스의 수학자이자 물리학자, 그리고 깊은 신앙과 철학적 사유를 남긴 사상가이다. 그는 어린 나이에 수학적 재능을 드러냈고, 진공과 압력에 대한 실험으로 과학사에 이름을 남겼다. 그러나 청년기에 겪은 교통사고와 가족의 죽음 이후, 그는 신앙과 철학에 깊이 천착하게 된다. 『팡세』라는 책에 그의 사유가 기록되었으며, 그 속에서 인간 존재의 모순, 불안, 신 앞에서의 고독에 대해 철저히 성찰했다. 이성과 감성의 한계를 모두 인식했던 그는, 인간이 위대한 동시에 비참하다는 진실을 꿰뚫어 보았다.

"인간은 생각하는 갈대다."

파스칼은 인간을 '생각하는 갈대'라고 규정했다. 그가 본 인간은 우주 앞에서는 가냘픈 존재이다. 자연의 거대한 힘 앞에서 인간은 쉽게 부서지고, 미세한 감정에도 흔들리며, 고통 한 번에도 쓰러질 수 있는 취약한 존재이다. 하지만 그 연약함의 심연에도 인간은 스스로의 취약성을 '자각할 수 있는 존재'라는 점에서 존엄하고 위대하다고 생각했다.

갈대는 바람에 휘청이지만, 왜 흔들리는지, 어디로 향하는지를 모른다. 그러나 인간은 다르다. 흔들리면서도 이유를 묻고, 그 불안정함 속에서 의미를 찾으려 한다. 이성뿐만 아니라, 감정과 성찰, 질문을 통해 자기 존재를 확인하려 애쓰는 존재. 그것이 바로 파스칼이 명명한 '생각하는 갈대'로서의 인간이다.

병상에 누운 한 존재가 단순히 병에 대한 고통을 '참는' 것이 아니라, 왜 이런 병이 자신에게 생겼고, 삶이 무엇을 말하고자 하는지를 끊임없이 생각한다. 그러다 어떤 날은 신을 원망하고, 어떤 날은 과거를 되짚으며 후회하고, 어떤 날은 그 모든 것을 받아들이며 눈을 감고 조용히 눈물짓는다. 자신에게 일어난 일을 생각하고 해석하려는 마음, 바로 그것이 인간의 진정한 강인함인 것이다.

또한 사랑에 실패하고 헤어졌을 때, 단순히 아프게 이별하는 것이 아니라, "왜 우리가 헤어졌을까?", "우리는 어떤 사람과 사랑을 원하는 걸까?", "다음에는 어떻게 사랑할 수 있을까?"라고 묻는다면 사랑이 끝나도 질문은 끝나지 않는 것이다. 그리고 이러한 질문들은 그 사람을 더 강인하고 성숙하게 만든다.

우리는 그저 생존하는 존재가 아니다. 살아가면서 끊임없이 이유를 묻는 존재다. 왜 사는가, 어떻게 살아야 하는가, 이 선택이 옳은가. 스스로에게 질문을 던질 수 있다는 것 자체가 이미 위대한 인간이라는 증거이다.

삶은 때로 잔혹하고 부조리하다. 한순간의 사고나 말 한마디, 누군가의 이기적인 결정 하나가 우리 삶의 근간을 완전히 흔들어 놓을 수도 있다. 그러나 그렇다고 인간은 쉽게 멈추지 않는다. 무너진 자리에서 왜 무너졌는지를 생각하고, 그 자리에 어떤 의미를 심을 수 있을지를 고민한다.

우리 모두는 언젠가 죽음에 이른다는 사실을 잘 알고 있다. 그럼에도 불구하고 하루하루를 사랑하고, 무언가를 배우고, 누군가에게 진심을 다한다. 그 끝을 알면서도 계속 전진하는 용기, 그게 바로 생각하는 인간의 존엄이다.

파스칼은 또 이렇게 말한다. "우주의 침묵이 인간을 두렵게 한다."

하지만 인간은 그 침묵에 굴복하지 않는다. 오히려 그 침묵 앞에 서서 묻는다. "나는 누구인가?", "이 삶은 어디로 흘러가는가?" 이 질문을 멈추지 않는 한, 우리는 끝없이 흔들리지만, 결코 부서지지 않는다.

오늘 당신이 삶에 대해 고민하고 있다면, 그 질문이 당혹스럽고 불안하더라도 그것은 당신이 인간답게 살아가고 있다는 가장 확실한 징표일 것이다.

삶을 살아가며 자주 고민하고, 질문해라. 그 모든 것들이 당신의 삶을 더 명확하게 만들어 줄 것이다.

"인간의 모든 불행은
방 안에 조용히 머물러 있지 못하는 데서 온다."

파스칼은 자신과 고요히 대면할 줄 몰라서 불행이 촉발된다고 했다. 여기서 '방 안에 머문다'는 건 그저 가만히 앉아 있는 걸 의미하지 않는다. 그것은 혼자 있는 공간에서 자기 삶을 돌아보고, 혼자 있는 시간을 잘 사용하며 스스로 발전해 나간다는 뜻이다.

어떤 사람은 혼자 있는 시간을 잘 견디지 못한다. 혼자 있는 것보다 친구나 지인과 만나 교류하는 게 더 익숙하다. 그래서 조금이라도 시간이 비면 모임을 주선하고, 약속을 만들고, 전화를 돌리며 자리를 만든다. 문제는 그런 외부의 활동이 자기 자신으로부터 멀어지는 수단이 된다는 것이다.

혹시 하루 종일 사람들과 웃고 떠들다가 집으로 돌아왔는데 왠지 모르게 마음 한구석이 허전하고 공허한 느낌을 받은 적 있지 않은가? 겉으로는 꽉 찬 하루였지만 실은 온전히 자신을 위한 시간이 단 1분도 없었던 하루. 그런 날이 계속 반복되다 보면 어느새, "나는 지금 어디를 향해 살고 있는 걸까?"라는 작고 날카로운 질문 앞에 무너지게 된다.

또 '외로움이 싫어서' 늘 누군가 곁에 두고 연애를 하는 사람이 있다. 자기 자신을 혼자 감당하지 못하기 때문에 늘 관계 안에서 안정을 구하려 하지만, 그 안에서 더 불안해지고 상처받는 일이 반복된다.

이처럼 파스칼은 인간이 혼자 있는 법을 습득하지 못하면 자기 자신을 점점 잃어버리게 된다고 보았다. 고요한 공간에 혼자 머무를 줄 알아야 내가 진짜 원하는 것이 무엇인지, 지금 어디에 서 있는지, 앞으로 어떤 삶을 살고 싶은지를 비로소 '생각할 수 있는 시간'이 생긴다는 것이다.

다시 말해 "인간은 방 안에 조용히 머무르지 못하기 때문에 불행해진다."라는 말은, 온전히 자기 자신을 위해 시간을 할애하지 않고 끊임없이 외부로 돌며 타인에게 의존하는 것이 점점 마음을 공허하게 만들고 인생을 불행하게 만든다는 것이다.

혼자만의 시간이 결여된 사람은 '자기 삶의 주인'이 아니라 '타인에게 끌려가는 인생'을 경험하게 된다. 그러면 인생이 당연히 불행으로 수렴할 수밖에 없다. 그러나 스스로 절제하고 통제하는 사람은 타인이나 세상에 휘둘리지 않는다. 혼자일 수 있는 사람만이, 진실한 관계도 맺을 수 있고, 고독을 견딜 수 있는 사람만이, 자신에게 집중해서 성공할 수도 있다.

오늘 당신은 하루 중 온전히 자신에게 투자한 시간이 어느 정도인가? 모임도 약속도 없이, 누군가를 위한 움직임이 아닌 나를 위한 '멈춤'의 시간이 있었는가. 그 시간이 없었다면 당신은 지금 자기 삶의 중심에서 조금씩 멀어지고 있을지도 모른다.

그러니 이제부터라도 혼자 있는 시간을 두려워하지 말자. 외부 자극 없이 혼자 고요히 머무르며 자신을 위해 시간을 할애하고 노력할 때, 비로소 진짜 삶이 시작될 것이다.

"마음은 이성이 알지 못하는 이유를 알고 있다."

이 명언은 파스칼이 인간 존재를 설명하며 남긴 섬세한 통찰 중 하나이다. 언뜻 들으면 추상적이고 난해하게 느껴질 수 있지만, 사실 이 말은 우리가 매일 느끼는 일상 속에 내재되어 있다.

이성은 판단하고, 계산하고, 분석하는 힘이다. 하지만 파스칼은 마음이란 이성으로는 설명되지 않는 차원까지 감지할 수 있다고 말했다. 다시 말해, 어떤 느낌은 논리로 설명되지 않아도 진실일 수 있다는 것이다.

예를 들어, 당신이 좋은 직장에 제안을 받았다고 해보자. 연봉도 좋고, 복지도 훌륭하며, 조건 또한 적합하다. 그런데 막상 면접을 보고 돌아오는 길에 이유 없이 마음이 무거워진다면, 그 '마음'은 우리가 의식적으로 해석 불가능한 없는 무언가를 이미 감지하고 있는 내면의 직관이다. 사람, 공간, 분위기, 말투, 공기의 흐름 같은 미묘한 요소들. 이성은 보지 못하는 그 감각들을 마음은 읽어낸다.

그 감각은 사랑의 영역에서도 분명하게 나타난다. 어떤 사람을 좋아하고, 사랑하게 되는 이유를 명확히 설명할 수 있는 사람이 과연 얼마나 될까. 그 사람의 성격이나 행동, 외모를 설명할 수는 있어도, 정확히 어떤 '근거'로 사랑하게 되었는지 말할 수 있는 사람은 드물다. 결국 사랑은 "그냥 좋다"는 마음에서 시작된다. 그리고 그 '그냥'이라는 말 속에 마음이 먼저 알아챈 어떤 진실이 조용히 숨어 있는 것이다.

파스칼은 인간이 이성과 감정, 논리와 직관 사이의 긴장 속에 살아가는 존재라고 말했다. 중요한 건 그중 하나를 버리라는 뜻이 아니라, 이성이 설명하지 못하는 감정 또한 충분히 의미 있고, 그 직관을 존중하는 삶이 더 진실에 가깝다는 것을 받아들이는 일이다.

우리는 단순한 기계가 아니다. 정확한 조건과 논리로만 삶을 구성할 수 없다. 감정은 때때로 불편하고, 설명할 수 없으며, 심지어 '비효율적'일 때도 있지만, 그 감정이야말로 우리를 더 인간답게 만들어주는 요소이다.

때로는 마음이 먼저 알고, 이성이 나중에 따라오는 경우도 많다. 중요한 것은 그 마음의 목소리를 억누르거나 무시하지 않는 것. 이해할 수 없어도 느껴지는 감정은 이미 당신에게 말을 거는 것이다.

파스칼은 설명할 수 없는 감정일지라도, 그 안에는 진짜 이유와 삶의 방향이 숨겨져 있을 수 있다고 말했다.

그러니 어느 날 이유 없이 마음이 무거워졌다면, 혹은 설명할 수 없지만 끌리는 감정이 들었다면, 그 마음을 가볍게 경시하지 말자. 말로 다 하지 못하는 그 감정이, 당신에게 가장 깊은 진실을 일깨워줄지도 모른다.

"믿음은 무지의 결과가 아니라, 고통을 꿰뚫은 인식이다."

파스칼은 믿음을 단순한 무지로 보지 않았다. 그에게 있어 믿음은 깊은 고통을 지나온 사람만이 도달할 수 있는 내면의 결단이었다. 즉, 믿는다는 건 눈을 감고 받아들이는 게 아니라, 세상의 어둠을 충분히 본 후에도 그것을 껴안고 살아가겠다는 의지의 표명이다.

우리는 종종 고통 앞에서 "왜 이런 일이 나에게 벌어지는가"라고 묻는다. 그 질문에 답이 없을 때, 다수는 신을 의심하거나 삶을 부정한다. 그러나 이는 매우 자연스러운 반응이다. 파스칼도 그 고뇌의 시간을 믿음의 필수적 과정으로 간주했다. 의심 없는 믿음은 깊지 않다. 진짜 믿음은, 부정하고 회의했던 시간을 지나 다시 삶을 향해 한 걸음 내딛는 것이다.

자식을 잃은 부모가 오랫동안 신을 원망하고 세상을 불공정하다고 느끼던 어느 날, 자신과 같은 상처를 가진 타인을 위로하며 내면의 고통이 더 이상 아픔에 머물지 않고 누군가와 연결될 수 있는 언어라는 걸 깨닫는다면, 더 이상 상처를 외면하지 않고 누군가를 안을 수 있는 용기를 갖게 된 것이다.

파스칼이 지향한 믿음은 바로 이런 것이다. 고통과 상처와 절망을 정면으로 통과한 사람만이 도달할 수 있는 시선. 그 믿음은 정말 위대한 것이다. 파스칼은 그 믿음을 마취라고 보지 않았다. 오히려 마취 없이도 견디는 의식, 상처 난 채로 다시 손을 내미는 사람만이 가질 수 있는 강한 의지라 보았다.

믿음이란 아무것도 모른다는 의미가 아니다. 무지에서 비롯된 무분별한 희망이 아니라, 모든 것을 아는 가운데서도 다시 희망을 갖는 것이다. 그래서 믿음은 무지가 아니라 고통을 꿰뚫은 인식이고, 희망은 얕은 낙관이 아니라 절망을 충분히 들여다본 자만이 가질 수 있는 깊은 결단이다.

만약 당신이 지금 괴롭고 고단하다면, 그 속에서 묻고 있는 모든 질문은 당신을 무너뜨리기 위해서가 아니라, 당신의 믿음을 더 단단하게 만들기 위한 시간일 수 있다. 그 시간을 허투루 흘려보내지 않는다면 당신은 어려움을 극복하고 더 멋진 삶을 살게 될 것이다.

명언 필사

인간은 생각하는 갈대다.

필사: _____

인간의 모든 불행은 방 안에 조용히 머물러 있지 못하는 데서 온다.

필사: _____

마음은 이성이 알지 못하는 이유를 알고 있다.

필사: _____

믿음은 무지의 결과가 아니라, 고통을 꿰뚫은 인식이다.

필사: _____

——— 질문과 기록 ———

당신은 지금 어떤 믿음으로 어려움을 이겨내며 사나요?

장자 (莊子)

장자는 중국 전국시대의 도가(道家) 철학자이며, 노자 사상의 흐름을 이어받아 더욱 심화시킨 인물이다. 그는 사회와 제도, 권력에서 벗어나 자연과 자유로운 삶을 강조했으며, 모든 사물은 근본적으로 하나라는 '제물(齊物)' 사상을 펼쳤다. 관직의 제안을 거절하고 검소하게 살며, '무위(無爲)의 삶'을 실천한 철학자로 기억된다. 『장자』라는 책에는 날카로운 풍자와 자유로운 상상이 가득하며, 그의 철학은 형식에 갇히지 않고 진정한 자아로 살아가는 길을 보여준다.

"나비가 된 꿈을 꾸었는데, 깨어보니 내가 나비인지, 나비가 나인지 알 수 없었다."

장자의 이 말은 중국 고대 철학에서 가장 시적인 통찰로, '호접지몽(胡蝶之夢)'이라 불린다. 어느 날 밤, 장자는 자신이 나비가 되어 자유롭게 날아다니는 꿈을 꾸었다. 그러나 아침에 깨어나 보니 자신이 장자인지, 여전히 꿈속의 나비인지 분간할 수 없었다. 이 경험은 그에게, 그리고 우리에게 한 가지 근본적인 질문을 던진다. 지금 내가 믿고 있는 '나'는 정말 진짜인가. 아니면 내가 '진짜'라고 여기는 이 삶조차도 또 다른 꿈은 아닐까.

이 질문은 수천 년이 지난 지금도 여전히 유효하다. 우리는 과연 어떤 '나'로 살아가고 있는가. 회사에서는 부지런하고 예의 바른 사람, 친구들 앞에서는 유쾌하고 따뜻한 사람, 혼자 있을 땐 무기력하고 지친 사람. 그 모든 모습이 과연 한 사람인가, 아니면 역할에 따라 달라지는 서로 다른 존재인가.

어쩌면 우리는 매 순간 '다른 나'로 살아가고 있는지도 모른다. 회의실에서 냉철한 판단을 내리다가도, 집에 돌아와 아이 앞에서는 어설픈 농담으로 웃음을 유도하고, 때로는 거울 앞에서 지친 눈빛을 마주하며 '이게 정말 나일까' 생각하기도 한다.

그렇게 여러 가지 모습으로 살다 보면 가끔 정체성에 혼란을 느낀다.

그러나 장자는 이 모든 혼란을 껴안는다. 현실처럼 보이는 것이 환영일 수 있고, 꿈처럼 느껴지는 것이 오히려 진실일 수 있다고 말한다. 그래서 그는 진짜와 가짜를 변별하려 애쓰지 않았다. 오히려 그 물음 자체를 수용하는 태도야말로 삶의 진실에 가장 근접한 것이라 보았다.

우리의 삶은 고정된 정체성이 아니라, 흐름 속에서 계속 만들어지는 이야기이다. 감정은 흔들리고, 역할은 바뀌며, 어제의 나는 오늘과 같지 않다. 그렇기에 '나는 이러한 존재다'라고 단언하는 순간, 우리는 그 언어에 스스로를 가두게 된다.

장자의 철학은 무위(無爲), 곧 억지로 스스로를 만들지 않는 삶에 있다. 나비가 되었을 땐 그저 나비로 흐르고, 인간이면 인간으로 깨어 있을 뿐. 그 흐름 속에 자연스럽게 몸을 맡기는 것. 그것이 진짜 '나'로 사는 길이다.

오늘 당신은 어떤 얼굴로 하루를 살았는가. 모든 얼굴이 '진짜'일 수도 있고, 모두가 '연기'였을 수도 있다. 그러나 중요한 것은 그 모든 순간 속에서 당신은 여전히 자기 자신이었다는 것이다.

때로는 혼란스러워도 괜찮다. 어느 쪽이 진짜든, 그 모든 순간을 살아내는 당신이 바로 '진짜'다.

"쓸모없음의 쓸모를 아는가?"

장자는 세상이 정한 '쓸모 있음'의 기준에 늘 의문을 품었다. 크고 곧은 나무는 일찍 잘려 건축자재가 되지만, 휘고 뒤틀린 나무는 쓸모없다는 이유로 남겨져 수백 년 동안 숲속에 평안히 살아남는다. 장자는 바로 그 나무를 가리켜 말했다. "쓸모없음에도 살아남는 것이 진짜 쓸모가 있다."

현대 사회는 쓸모를 너무 쉽게 정의한다. 좋은 성적, 높은 연봉, 빠른 승진, 눈에 띄는 성과 등등. 이러한 기준에 맞지 않으면 마치 자신이 '쓸모없는 존재'처럼 느껴진다. 하지만 장자는 정말 그것이 전부인가 묻고 있다.

예를 들어, 성적이 낮은 학생이 늘 뒷자리 구석에 앉아 잘 눈에 띄지 않는다고 하자. 선생님도 그를 주목하지 않고, 친구들도 그를 '존재감 없는 아이'로 생각한다. 하지만 그 학생은 친구의 어려움을 가장 먼저 알아채고 위로해 주며, 생일을 잊지 않고 챙기며, 다른 이의 기분을 상하게 하지 않게 말하는 배려심이 많은 따뜻한 아이다. 그렇다면 그가 가진 배려와, 따뜻함은 점수로 환산할 수 없을 것이다.

이처럼 장자가 말한 '쓸모없음'이란, 세상의 틀 안에서는 가시화 되지 않는 진짜 가치이다. 수입이 적거나 직장에서 주목받지 못한다고 해서 "나는 별 볼 일 없어"라고 자책하지만, 그 말은 세상이 정한 '틀'에 갇힌 말일 뿐이지 정답은 아니다.

또 다른 예로, 직장 내에서 '분위기 메이커'로 불리던 한 직원은 성과는 그리 두드러지지 않지만, 매일 동료들에게 커피를 건네고, 감기 걸린 사람에게 약을 챙겨주며, 회의 전 어색한 분위기를 풀기 위해 농담을 던지며 회사 분위기를 좋게 한다면, 그는 어쩌면 회사에 성과보다 더 큰 기여를 하고 있을지도 모른다.

이처럼 장자는 말한다. "세상의 기준으로부터 멀어진 자리에 오히려 진짜 존재의 힘이 있다." 무언가에 딱 맞지 않는다고 해서 그것이 무가치하다는 뜻은 아니다. 오히려 틀에 맞지 않기에, 더 자유롭고, 더 장기적으로 존속한다.

진정한 쓸모란 사람을 치유하는 따뜻함, 누군가를 웃게 만드는 순수함, 자기만의 느린 방식으로 세상을 관조하는 시선일지도 모른다.

지금 당신이 어떤 집단에 잘 맞지 않는다고 느껴진다면 그건 당신만의 자리가 있다는 뜻이다. 그러니 남과 비교하지 말고, 억지로 끼워 맞추면서 주눅 들지 말고 살아가자. 당신은 이미 존재만으로도 충분히 의미 있는 존재이다.

"지극히 자유로운 사람은
바람이나 물결에도 흔들리지 않는다."

장자는 자유를 외부로부터의 해방이 아니라 어떤 상황에서도 자기 중심을 잃지 않는 것으로 규정하였다. 사람들은 종종 자유를 '무언가로부터 벗어남'으로 이해한다. 출근하지 않아도 되는 자유, 누군가의 눈치를 보지 않아도 되는 자유, 돈이나 시간의 제약 없이 떠나는 자유처럼 말이다.

하지만 장자는 "그러한 자유는 바람이 멈춰야 가능한 자유일 뿐, 그 바람이 다시 불면 또 흔들릴 텐데, 그것이 과연 진정한 자유라고 할 수 있을까?"라며 되물었다.

장자가 말하는 진짜 자유는 상황에 예속되지 않는 상태, 조건이 바뀌어도 내면은 정적을 유지하는 상태이다. 그건 세상이 부여하는 것이 아니라 내면의 나 자신이 만드는 평온이다.

만약 동일한 조직에 속한 두 인물이 있는데, 한 사람은 상사의 말 한마디에 기분이 휘청이고, 분위기가 어수선하면 집중하지 못하며, 자신이 어떻게 보일지 매번 걱정한다면, 그는 바람이 멈추지 않는 한 늘 바람 속에서 흔들리며 살 것이다.

반면 다른 한 사람은 동일하게 평가받고, 똑같이 지적도 받지만 절대 감정적으로 휘둘리지 않고, 조용히 자신의 과업을 수행하며, 자신이 옳다고 확신하는 방향으로 〈지속적〉으로 정진한다면, 외부 환경이 변해도 그 안에서 요동치는 소란은 그의 중심까지 닿지 않기 때문에 그 사람은 바람이 불어도 흔들리지 않는 나무처럼 꿋꿋이 살아갈 것이다.

자유로운 사람은 외부 상황이 바뀌길 기다리기보다, 마음의 심지가 단단해지길 택한 사람이라며 비교하지 말라고 장자는 말한다. 진짜 자유는 세상이 조용해지길 기다리는 게 아니다. 그건 끝없이 지연되는 기다림일 뿐이다.

진정한 자유는 소란 속에서도 내 마음의 자리를 수호할 수 있을 때 비로소 찾아온다. 그러니 어떤 외부 조건보다 자신 내면의 목소리의 귀 기울이고 살자. 그러면 삶이 보다 윤택해질 것이다.

"자연에 순응하여 무위의 상태로 살아가라."

장자가 말한 '비움'은 소유의 포기가 아니다. 마음을 채우는 불필요한 사고, 무의미한 경쟁, 남보다 더 가지려는 갈증을 내려놓는 일이다. 그래야 길이 열리고, 멀리 갈 수 있다고 그는 믿었다.

이 말을 빗대어 우리의 일상을 떠올려 보자. 과연 짐이 가득한 배낭을 메고 먼 여정을 떠날 수 있을까. 오늘 하루만 돌아봐도, 우리는 수많은 감정과 걱정, 불필요한 비교와 후회로 가득 차 있다. 그 무게 때문에 한 걸음도 온전히 내딛지 못하고, 머릿속은 늘 무겁고 답답하다. 장자는 이를 간파하고, 비우지 않으면 나아갈 수 없고 가볍지 않으면 떠날 수 없다고 말한다.

아마도 누구나 한번쯤은 새로운 회사에 들어가거나, 어떤 일을 치밀하게 준비해 시작했을 때, '완벽해야 한다'는 강박에 시달린 적 있을 것이다. 그때 자신의 모습은 어땠나. 누구의 지적이 있기 전에 스스로를 먼저 검열하고, 남들보다 한 발 앞서야 한다는 압박에 밤을 지새웠을 것이다. 그러다 결국 지쳐 쓰러지거나, 번아웃이 와서 일에 대한 애정조차 잃어버렸을 것이다.

그것은 당신이 부족한 게 아니라, 너무 많은 걸 감당하려고 쥐고 있어서 오히려 아무것도 할 수 없게 된 것이다. 그럴 때는 무엇을 쥐기보단, 잘하려는 욕심을 내려놓고, 인정받고 싶은 마음을 내려놓아야 한다.

장자는 말한다. "가득 차면 흘러넘치고, 넘치면 상하게 된다." 그러니 멀리 가고 싶다면, 무엇을 더 얻을지가 아니라, 무엇을 비워야 할지를 물어야 한다.

사람과의 관계에서도 똑같다. 내가 옳다는 걸 증명하려 하고, 모든 감정을 쏟아내야만 속이 풀릴 것이라 믿는 태도는 대화를 더 무겁고 힘들게 만들 뿐이다. 오히려 한두 마디를 삼키고, 상대의 말을 조금 더 듣는 사람이 관계를 오래 끌고 간다. 그것이 마음의 비움이고, 관계를 위한 가벼움이다.

장자의 비움은 '무기력한 포기'가 아니다. 지혜로운 선택이다. 무거운 걸 버리고 가벼워지는 것, 그래야 지치지 않고 멀리 갈 수 있다.

당신은 지금 무엇으로 마음이 가득한가. 혹시 무언가에 집착하며, 끊임없이 비교하고, 어떤 욕심에 사로잡혀 있지는 않을까.

그런 당신에게 장자는 말한다. "무거운 자는 앉고, 가벼운 자만이 날아오른다." 멀리 가고 싶다면, 무엇을 버려야 할지를 묻는 것부터가 진짜 출발이다.

명언 필사

나비가 된 꿈을 꾸었는데, 깨어보니 내가 나비인지, 나비가 나인지 알 수 없었다.

필사:

쓸모없음의 쓸모를 아는가?

필사:

지극히 자유로운 사람은 바람이나 물결에도 흔들리지 않는다.

필사:

자연에 순응하여 무위의 상태로 살아가라.

필사:

―――― **질문과 기록** ――――

당신이 멀리 가기 위해 버려야 할 것은 무엇인가요?

마르틴 부버

마르틴 부버는 오스트리아 태생의 유대인 철학자로, 인간 존재를 '관계' 안에서 이해하려 했던 사상가이다. 그는 『나와 너』라는 책을 통해, 인간은 누구나 '너'와의 진정한 만남을 통해 자신의 존재를 완성한다고 보았다. 유대교 신비주의와 실존주의가 결합된 그의 철학은, 단순한 교류가 아닌 '대화'와 '응시' 속에서 서로를 바라보는 깊이를 말해준다. 그는 전쟁과 분열의 시대에 사람 사이의 진정한 만남이야말로 치유와 회복의 출발점이라고 믿었고, 단절된 현대 사회에서 여전히 강한 울림을 주고 있다.

"모든 진정한 삶은 만남이다."

사람은 단지 혼자 존재하는 것이 아니다. 늘 관계 안에서 살아가며, 누군가를 '진심으로 만나는 순간'에 비로소 살아 있음을 느낀다고 부버는 말했다.

모두가 혼자보다는 타인과 연결되고, 공동체를 이루며 살고 싶어 한다. 하지만 연결의 방식은 사람마다 다르다. 어떤 사람은 가볍게 인사를 나누는 것만으로도 연결되었다고 느낄 수 있지만, 누군가는 깊은 대화를 나눠야 진정으로 연결되었다고 느낀다.

그러나 부버가 말한 만남은 그런 것이 아니다. 그는 진정한 만남이란 상대를 도구로 대하는 관계가 아니라, 온전한 인격 대 인격으로 마주하는 관계라고 말했다. 그리고 그런 만남이야말로 삶의 의미가 있다고 믿었다.

회사에서 노동에 몰두하고, 피로와 함께 귀가하는 저녁에 현관문을 열었을 때, 가족 중 누군가가 "힘들었지?" 하며 따뜻한 차를 건네고 조용히 안아준다면, 그 짧은 순간에 말로 설명할 수 없는 위로와 연결감을 느낄 것이다. 그런 짧지만 마음이 닿는 순간, 부버는 그것을 진정한 만남이라고 했다.

반대로, 아무리 관계가 지속되고 대화가 빈번하더라도, 마음이 닫혀 있다면 진정한 만남은 일어나지 않는다. 함께 많은 시간을 보내고,

수많은 말을 주고받아도 서로에게 감정이 전해지지 않고, 아무런 위로도 주지 못했다면, 그 하루는 삶의 순간이 아니라, 그냥 스쳐 간 시간이 된다.

부버는 말했다. "진정한 만남이 없는 삶은 숨을 쉬어도 살아 있다고 말할 수 없다."

사람은 만남을 통해 자기 자신을 비춘다. 누군가와 깊은 관계를 맺고, 마음을 주고받으며 서로를 비출 때, 우리는 성장하고 깨닫는다.

그는 이러한 조우야말로 삶을 치유하고, 존재를 회복시키는 순간이라고 했다. 우리는 누군가와 진심으로 마주할 때, 비로소 '살아 있음'을 체감한다.

오늘, 당신은 당신이 마주하는 사람들과 진심으로 마음을 교감했는가. 아니면 수많은 얼굴을 마주했지만, 그저 스쳐 지나가기만 했는가.

인생을 잘 살아간다는 건 결국, 무엇을 얼마나 가졌는지가 아니라, 누구를 어떻게 만났는가에 달려 있다는 것을 잊지 마라.

"나는 '너'와 만날 때 비로소 '나'가 된다."

이 문장은 단순히 관계의 중요성을 말하는 게 아니다. 부버는 인간이란 혼자서 완성되는 개체가 아니라, 누군가를 진심으로 마주할 때 비로소 자기 자신을 더 깊이 이해하는 존재라고 말했다.

사람은 거울을 통해 얼굴을 볼 수는 있지만, 내면은 타인을 통해서만 비친다. 우리는 관계 안에서 "내가 어떤 사람인지", "무엇을 두려워하고, 무엇에 반응하는지"를 비로소 알게 된다.

이를테면, 처음으로 아이를 품에 안은 어머니를 떠올려보라. 밤새 아이의 울음을 달래느라 잠을 못 자 녹초가 되면서도, 그 안에서 처음 겪는 '모성애'가 차오른다. 그 순간, "아, 내가 이렇게 누군가를 지켜주고 싶어 하는 사람이었구나." 하며 이전에는 몰랐던 자신을 '아이'라는 존재를 통해 발견하게 된다.

평소에 과묵하고 감정 표현에 서툰 사람이, 어느 날 누군가를 진심으로 사랑하게 되면서 자신도 놀랄 만큼 부드럽고 따뜻한 언어를 건넨다. 그렇게 그는 그 관계 속에서, 이전엔 알지 못했던 자신과 마주하며 성장한다.

이처럼 부버의 말은 누군가를 수단이 아니라 존재로 바라보는 순간, 자신 역시 존재로서 깨어나기 시작한다는 뜻이다.

오늘날 사회는 끊임없이 '혼자 잘 살아야 한다'며 자기 계발, 독립, 자존감 같은 개인주의적 가치를 강조한다. 물론 그것도 중요하지만, 부버는 "진짜 나를 발견하는 건, 혼자 고요히 앉아 시간을 보내는 게 아니라, 누군가를 진심으로 마주한 순간이다."라고 말한다.

또한 우리는 관계를 통해 내가 생각하던 '나'의 정체성 서사가 무너지는 경험을 한다. 나는 다정하고 자상한 사람이라고 믿었지만, 상대의 말에 쉽게 상처 주고 화내는 나를 보게 되고, 강한 사람이라 여겼지만 사랑 앞에서 한없이 무너지는 자신의 취약성을 발견한다.

그러나 그것은 결코 부정적 사건이 아니다. 그 균열 속에 진짜 내가 있다. 관계는 나를 무너뜨리는 동시에, 나를 더 성숙하게 빚어내는 거울이 된다.

진정한 자신을 이해하고 싶다면, 혼자 생각만 하지 말고, 사람을 만나면서 진심으로 그 사람을 대해 보자. 그 눈 속에 당신도 몰랐던 '진짜 나'가 숨어 있을 것이다.

"'그것'으로 대할 것인가, '너'로 만날 것인가."

마르틴 부버는 인간관계를 단순하게 정리했다. '그것'은 대상이다. 목적을 위한 수단이고, 효율을 위한 기능이며, 존재가 아니라 역할로만 바라보는 방식이다.

반면 '너'는 살아 있는 존재다. 그 자체로 소중하며, 어떤 조건도 목적도 없이 그 사람 그 자체로 마주하는 태도이다.

당신이 어느 날 카페에서 커피를 주문한다고 하자. 점원의 얼굴은 보지도 않고, 메뉴만 내밀며 휴대폰 화면만 바라보고 있다면, 그 순간 당신은 그 사람을 단지 '노동 수행자', '기능 제공자'로 보고 있는 것이다. 그건 점원을 '너'가 아닌 '그것'으로 대하기 때문이다.

그러나 그 사람의 눈을 마주치고 "감사합니다, 정말 고생 많으시네요"라는 짧은 말을 웃으며 건넨다면, 그건 점원을 '그것'이 아닌 '너'로 만나는 순간이다.

이처럼 부버는 말했다. "진짜 만남은 길지 않아도 된다. 잠시 눈이 닿고, 마음이 스쳤다면, 그 순간이 바로 삶이다."

오늘날 우리는 하루에도 수많은 사람들과 마주친다. 직장 동료, 편의점 직원, 친구, 가족. 하지만 당신은 과연 그들 중 몇 명을 '그것'이 아닌 '존재 그 자체'로 바라보았는가?

대부분의 대화는 필요에 의한 요청, 정보 전달, 혹은 의무적인 인사로 구성된다. 정작 그 사람은 보지 않고, 그가 가진 '기능'만을 바라본다. 그렇게 사람은 '사람'이 아닌 '도구'로 소모된다.

하지만 부버는 말한다. "진짜 만남은 효율로 설명되지 않는다. 마음을 열고, 상대를 하나의 존재로 받아들일 때 비로소 삶이 살아 숨 쉬는 순간이 시작된다."

인간관계를 '그것'으로 대할 때 우리는 서로에게서 멀어진다. 그러나 '너'로 만나는 순간, 비로소 마음이 연결된다.

사람은 누구나 사랑받고 싶고, 누군가에게 '존재로서' 받아들여지기를 갈망한다. 이제 그 시작을 당신이 만들어야 한다. 단 한 번이라도 누군가를 '너'로 대할 수 있다면, 그 하루는 살아 있는 하루가 되고, 당신의 삶은 따뜻한 만남으로 가득 채워질 것이다.

"사랑은 상대가 아니라, 만남에 대한 응답이다."

부버는 사랑을 감정의 문제가 아니라 태도의 문제라고 보았다. 사랑은 "이 사람이 좋다", "이 사람을 원한다"는 말보다 "이 만남에 내가 어떻게 반응하고 책임지는가"라는 태도에서 시작된다고 말했다.

즉, 사랑은 상대를 소유하려는 감정이 아니라, 두 존재가 진심으로 마주한 순간에 대한 '응답'이라는 것이다.

예컨대 연인이 다툰 뒤, 서로 지쳐 아무 말도 하지 않은 채 침묵 속에 앉아 있을 때가 있다. 그 순간, 한 사람이 먼저 "미안해"라고 말한다고 해서, 그 감정이 모두 풀리는 것은 아닐 것이다. 하지만 그 말에는 '함께한 시간에 대한 책임을 지고 싶다'는 태도가 담겨 있다. 그게 바로 사랑이다. 사랑은 감정이 가라앉을 때도 '이 만남을 지켜가고 싶은 나의 응답'으로 남는다. 그게 바로 부버가 말한 사랑이다.

부버는 상대가 어떻게 행동하느냐에 따라 사랑이 생기고 사라지는 것이 아니라, 그 사람이 나에게 준 시간, 표정, 감정에 대해 내가 어떻게 반응하느냐가 진짜 사랑이라고 했다.

우리는 종종 사랑을 '받는 것'이라고 착각한다. 하지만 부버는 말한다. 사랑은 주는 것도 아니고 받는 것도 아니다. 그저 함께 있는 순간에 어떻게 반응하느냐의 문제이다.

사랑이란 상대가 나를 감동시켜야만 생기는 감정이 아니라, 그 사람과 함께한 시간의 무게를 받아들이는 자세다. 그 사람이 완벽하지 않아도, 내가 기대한 반응을 보이지 않아도, 나는 여전히 그 만남을 내 삶의 일부로 받아들이고 있다면 그것이 부버가 말하는 진짜 사랑이다.

만약 지금 누군가와 사랑하고 있다면 한번 물어보자. "당신은 만남에 대해 어떻게 응답하고 있는가?", "당신은 당신이 만나는 사람을 바꾸려고 하는가, 아니면 만남 그 자체를 존중하고 있는가?" 사랑은 '네가 이래서 좋아'는 조건적 감정이 아니라, '우리가 마주했다는 사실에 내가 응답하겠다'는 삶의 태도라는 걸 잊지 말자.

명언 필사

모든 진정한 삶은 만남이다.

필사: _____

나는 '너'와 만날 때 비로소 '나'가 된다.

필사: _____

'그것'으로 대할 것인가, '너'로 만날 것인가.

필사: _____

사랑은 상대가 아니라, 만남에 대한 응답이다.

필사: _____

질문과 기록

관계 속에서 참된 나를 발견한 경험은 언제였나요?

2장

타인과 함께 사는 철학
: 관계, 사랑, 책임에 관하여

아리스토텔레스

아리스토텔레스는 고대 그리스 철학자로, 플라톤의 제자이자 알렉산더 대왕의 스승이었다. 그는 논리학, 윤리학, 정치학, 생물학 등 다양한 분야에서 방대한 저작을 남겼고, 인간과 사회의 본질에 대해 체계적으로 탐구했다. '중용', '우정', '행복'을 중심 주제로 다룬 그의 윤리학은 인간의 삶 속에서 덕을 실천하는 방식을 제시했다. 아테네에서 리케이온이라는 학교를 세워 교육과 사유를 이어갔으며, 그의 사상은 서양철학 전체에 지대한 영향을 남겼다.

"인간은 사회적 동물이다."

아리스토텔레스는 인간이 본질적으로 혼자 살아갈 수 없는 존재이며, 공동체 안에서 비로소 자신을 완성해 가는 존재라고 말했다. 단순히 누군가와 함께 있는 것이 아니라, 의미 있는 관계를 통해 인간다운 삶이 실현된다는 것이다.

태어날 때부터 우리는 타인의 손길과 관심 속에서 자란다. 언어를 습득하고, 감정을 교류하고, 삶의 기쁨과 슬픔을 함께 나누며 인간다움을 배워간다. 인간은 홀로 존재할 수는 있어도, 홀로 완성될 수는 없다.

예를 들어, 혼자만의 시간을 갖기 위해 한적한 시골로 여행을 떠났다고 해보자. 초기에는 평온하고 자유롭다고 느낄 수 있다. 하지만 시간이 길어질수록 소통의 부재는 고독과 쓸쓸함으로 변모할 것이다.

아리스토텔레스는 인간이 '로고스(logos)'를 가진 존재, 즉 단순한 언어가 아닌 '의미 있는 말'을 나누는 존재라고 했다. 말이 통하고, 생각이 오가고, 마음이 연결되는 그 순간이야말로 인간다움의 핵심이라고 본 것이다.

그래서 그는 인간의 덕도, 이성도, 완성된 삶도 결국 관계 속에서 성장한다고 보았다. 우리는 친구와의 대화에서 내가 어떤 가치관을 갖고 있는지 깨닫고, 연인과의 갈등에서 자기중심성을 돌아보고, 가족과의 시간 속에서 내가 무엇을 소중히 여기는지 발견한다.

인간다운 삶은 혼자 멀리 가는 것이 아니라, 함께 깊이 연결되는 것이다. 서로를 거울처럼 마주 보고, 서로의 말속에서 나를 발견하는 것. 그 안에 인간 존재의 본질이 있다.

지금 당신은 누구와 함께하고 있는가. 그리고 그 관계 안에서 당신은 어떤 사람이 되고 있는가. 혹시 혼자 고립된 채 스스로를 외면하거나, 연결을 두려워하고 있지는 않은가.

우리는 모두 사회적 존재이고 세상은 혼자서 살아갈 수 없다. 인간다움도 혼자 이룰 수 없고, 반드시 '누군가와 함께'일 때 완성된다. 그러니 오늘 당신의 삶에도, 따뜻한 대화와 살아 있는 만남이 깃들기를 바란다. 바로 그 순간부터 당신의 존재도 깊어지기 시작할 것이다.

"진정한 친구는 두 몸에 깃든 하나의 영혼이다."

아리스토텔레스는 우정을 친분이나 감정의 유대뿐만 아니라, 인격이 깊어지는 삶의 중요한 동반자라고 말했다. 진정한 친구는 단순히 함께 있는 사람이 아니라, 함께 올바르게 살아가는 사람이라는 것이다.

우리는 살아가며 수많은 사람을 만난다. 웃음을 주고받는 친구도 있고, 함께 시간을 보내는 이들도 많다. 하지만 그중에서도 나를 더 나은 방향으로 이끌어주고, 나도 그 사람을 존중하며 함께 성장할 수 있는 관계는 드물다.

자주 만나는 친구 중에도 어떤 친구와는 이야기를 나눈 뒤 나의 삶을 돌아보는 경우가 있다. 그 친구가 조언을 하지 않아도 그의 말과 태도에서부터 내면의 견고함이 전해진다. 그런 친구와 함께할 때, 삶은 더 성숙해지고 심화된다.

그래서 아리스토텔레스는 "좋은 우정은 선함을 함께 바라보는 관계다."라고 말했다. 즉, 진짜 친구는 함께 비슷한 것을 추구하고, 서로를 더 나은 방향으로 이끄는 사람이다. 함께 나눈 시간보다 더 중요한 건, 함께 나눈 가치관이다.

이런 친구와의 관계는 나를 있는 그대로 존재하게 만들고, 부족함도 함께 안아주며, 함께 성장하고 용기를 북돋아 준다. 그 안에서 우리는 '혼자서 도달할 수 없는 나'를 만나게 되고, 내가 되고 싶었던 사람에 더 가까워진다.

안타깝게도 요즘처럼 개인이 중요시되는 세상엔 진짜 우정을 찾기 힘들다. 그러나 단 한 사람이라도, 내가 믿고 기대고, 나 또한 그 사람의 친구가 되어줄 수 있다면, 우리는 이미 풍요로운 삶을 살고 있는 것이다.

우정이란, 서로의 '영혼'을 닮아가는 일이다. 좋은 친구가 있다는 건, 세상 속에 나를 진심으로 비춰주는 또 하나의 '나'를 만나는 일이다. 그리고 그 만남이 삶을 더 따뜻하고 온기 있게 만들어준다.

"중용은 탁월함이다."

아리스토텔레스는 인간의 덕이란 '선택하는 능력'에 있는 것이 아니라, '어떤 극단에도 치우치지 않고 조화를 이룰 수 있는 감각'에 있다고 보았다. 그는 이것을 '중용(中庸)'이라 불렀고, 이 중용이야말로 도덕적인 탁월함을 가능케 하는 원리라고 강조했다.

그에게 중용은 회피나 소극적 태도가 아니다. 중용은 늘 깨어 있는 상태다. 자신과 상황을 깊이 이해하고, 감정과 이성 사이에서 균형을 잡아 적절한 행동을 할 수 있는 지혜. 그 지혜가 바로 '탁월함'이었다.

예를 들어, 누군가가 부당한 일을 당했을 때, 아무 말도 하지 않고 외면하는 것은 비겁함이다. 반대로 지나치게 분노하고 공격하는 것은 무모함이다. 그 사이에서, 상대방을 배려하면서도 올바른 말을 할 수 있는 태도. 그것이 아리스토텔레스가 말한 중용이다.

술자리에서 친구가 과음을 하고 취중 진상을 부렸을 때, 무조건 이해하고 다 받아주거나, 갑자기 친구 관계를 끊어내는 것은 모두 극단에 치우친 태도이다. 친구를 진심으로 걱정하면서도 건강한 거리를 유지하고 조언을 건넬 수 있는 것이 바로 삶 속에서 실현된 중용이다.

아리스토텔레스는 인간의 탁월함은 타고난 것이 아니라 '습관'을 통해 만들어진다고 말했다. 즉, 중용은 훈련을 통해 만들어질 수 있다. 이 감정에 휘둘리지 않고, 관계와 상황을 돌아보며 올바른 결정을 내리려는 의지를 반복한다면, 점점 그 균형감각은 심화될 것이다.

중용은 이성의 힘만으로 완성되지 않는다. 경험이 쌓인 직관과, 마음을 다스리는 인내심, 그리고 '옳은 것을 옳게 말할 수 있는 용기'가 함께 어우러질 때 비로소 완성된다.

지금 당신이 고민하고 있는 선택의 문제에서, 혹은 관계 속에서 갈등을 겪고 있다면 한번 돌아보자. 나는 감정의 극단에 있지는 않은가. 너무 물러나 있거나, 너무 앞서나가 공격하고 있지는 않은가. 그 가운데를 찾는 연습, 그것이 탁월함으로 가는 길이다.

아리스토텔레스는 인간은 덕을 통해 완성된다고 말했다. 그 덕의 중심엔 언제나 중용이 있다. 오늘 당신은 어느 한쪽에 치우치지 않고 기울기를 바로잡아, 더 조화로운 방향을 선택할 수 있는 사람인가? 만약 그럴 수 있다면 당신은 인생을 잘 살아가고 있다는 뜻이고, 그런 태도가 결국 당신을 더 '성숙하고 나은 사람'으로 만들어갈 것이다.

"행복은 타고나는 것이 아니라, 습관에서 비롯된다."

아리스토텔레스는 행복을 순간적인 기쁨이나 우연히 찾아오는 행운이 아니라, '삶의 태도'에서 비롯된 결과라고 보았다. 그는 인간이 덕을 실천하고 올바른 선택을 반복할 때, 그것이 습관이 되고 삶을 행복으로 채워간다는 것이다.

그가 말한 행복은 감정이 아니라 '형성된 능력'이다. 마치 악기를 연주하듯, 꾸준한 연습과 삶의 조율을 통해 다듬어지고, 그 연습은 대부분 관계 속에서 드러난다.

누군가와 심하게 다투었을 때, 그 순간 감정을 쏟아내고 바로 등을 돌리는 건 쉬운 일이다. 하지만 다음 날 "미안해. 어제는 내가 너무 감정적이었어"라고 먼저 손을 내미는 건 어려운 일이다. 처음엔 어색하고 자존심도 상할 수 있다. 하지만 그런 행동을 반복할수록, 그 사람은 '갈등을 해결할 줄 아는 사람', '좋은 관계를 유지하는 인격'으로 성장하게 된다. 그리고 그때 느껴지는 평화와 따뜻함이 바로 행복의 시작이다.

어떤 사람이 "왜 나는 사람들과 원만한 관계를 맺지 못할까?" 고민한다면, 먼저 자신의 관계 습관을 돌아봐야 한다. 자신의 말투가 날카롭진 않은지, 타인을 이해하려는 태도가 부족하진 않은지. 작은 말과 행동의 습관은 사람들과의 거리, 그리고 관계가 주는 만족감에 큰 차이를 만든다.

아리스토텔레스는 말했다. "좋은 습관이 반복되면, 그것은 나의 성품이 되고, 결국 그것이 나를 행복하게 만든다."

이 말은 곧, 타인과의 관계 속에서 우리가 반복하는 태도가 삶 전체의 질을 결정짓는다는 뜻이다. 매일의 작은 인내, 사소한 배려, 꾸준한 정직이 쌓일 때, 관계는 더 끈끈해지고 우리는 점점 더 따뜻한 사람으로 변해간다.

행복은 우연히 방문하는 손님이 아니라, 매일 문을 열고 초대해야 오는 손님이다.

지금 당신은 어떤 습관으로 관계를 맺고 있는가? 사소하지만 꾸준한 성실함이, 결국 당신의 인간관계를, 그리고 삶 전체를 평온하고 따뜻한 방향으로 인도하고 있을 것이다.

반대로 인간관계에 어려움을 겪고 있는 사람이라면, 자기 자신을 되돌아보자. 지금까지 어떻게 살아왔는지에 대한 고민은 할 필요 없다. 오늘부터 습관과 태도를 바꾸고 나은 사람이 될 수 있다면, 당신의 삶은 행복으로 가득 찰 것이다.

명언 필사

인간은 사회적 동물이다.

필사: _____

진정한 친구는 두 몸에 깃든 하나의 영혼이다.

필사: _____

중용은 탁월함이다.

필사: _____

행복은 타고나는 것이 아니라, 습관에서 비롯된다.

필사: _____

―――― 질문과 기록 ――――

나는 지금 어떤 공동체에 속해서 만족감을 느끼고 있나요?

아르투어 쇼펜하우어

　아르투어 쇼펜하우어는 독일의 철학자로, 인간 존재의 고통과 의지를 날카롭게 통찰한 사상가이다. 그는 칸트와 동양 철학, 특히 불교와 베단타 사상에 영향을 받아, 인간의 삶은 본질적으로 욕망과 고통의 반복이라 주장했다. 삶의 핵심 동력은 이성보다 '의지'이며, 이 의지는 결코 만족할 수 없기에 고통은 불가피하다고 보았다. 그러나 그는 동시에 예술, 철학, 고독, 연민을 통해 고통을 초월할 수 있다고 믿었다. 그의 어두운 통찰은 후대 실존주의와 예술가들에게 깊은 영향을 주었다.

"고독은 위대한 정신의 운명이다."

쇼펜하우어는 인간이 진정으로 깊은 생각에 도달하려면 반드시 '고독'을 거쳐야 한다고 보았다. 그는 고독을 불행으로 여기지 않았다. 오히려 고독은 정신적으로 성장하는 사람에게 피할 수 없는 운명이라 여겼다.

오늘날 우리는 언제든 사람과 연결될 수 있는 시대에 살고 있다. 휴대폰 하나면 수십 명과 대화할 수 있고, 외로울 때마다 누군가에게 메시지를 보낼 수도 있다. 하지만 아이러니하게도, 사람들과 늘 연결돼 있음에도 불구하고 마음은 공허할 때가 많다.

하루 종일 사람들과 어울려 시끌벅적한 시간을 보내고 집에 돌아온 저녁, 문득 마음 한구석이 공허하고 허전함이 밀려온 적은 없었는가? 그건 '외로움'이 아니라 '고독 부재'에서 오는 허기일지도 모른다. 타인의 시선 속에 머무느라 나 자신과의 대화를 잃어버린 상태, 바로 그것이 현대인의 고통이다.

쇼펜하우어는 "군중 속에서는 나를 잃고, 고독 속에서 비로소 나를 찾는다."라고 말했다. 진짜 고독은 고립이 아니다. 조용한 시간 속에서 나 자신을 들여다보고 발전시키면서, 타인의 기대가 아닌 내가 진정으로 원하는 삶은 무엇인지 묻는 시간이다.

인생을 살다 보면 직업을 바꾸거나, 관계를 정리하거나, 새로운 결단을 내려야 할 때가 있다. 그럴 때 타인의 조언은 도움이 되지만, 결국 결단은 다른 사람이 아닌 '내가' 내려야 한다. 그게 바로 내 안의 침묵 속에서 스스로 찾아낸 결론이다.

관계도 마찬가지이다. 살면서 친구를 사귀고, 관계를 맺는 건 소중하지만, 그것에 휘둘릴 때 우리는 쉽게 자신을 잃는다. 함께 있는 것을 당연하게 여기다 보면, 혼자가 되는 순간을 견디지 못하게 된다.

쇼펜하우어는 고독을 감내하라고 말하지 않았다. 고독을 온전히 받아들이고, 그 안에서 자기를 완성하라고 했다.

현재 당신은 조용히 자신과 마주하고 있는가? 침묵을 두려워하지 않고, 홀로 있는 시간을 삶의 일부로 받아들일 때, 정신은 더욱 깊어지고 단단해질 것이다.

삶의 중심은, 혼자 있는 시간을 사랑할 줄 아는 마음에서 시작된다는 쇼펜하우어의 철학을 가슴 깊이 새기길 바란다.

"사람들은 남이 가진 것에만 관심 있고, 자신이 가진 것에는 무감각하다."

쇼펜하우어는 인간이 본능적으로 '비교'와 '결핍'의 굴레에 갇혀 있다고 보았다. 그는 우리가 가지고 있는 것의 진가를 인식하지 못한 채, 남이 가진 것을 부러워하며 사는 것이 불행의 근원이라 말했다.

오늘날 이 진단은 우리에게 더 직접적으로 와닿는다. SNS를 켜면 누구는 해외여행을 떠나고, 누구는 승진을 하고, 누구는 외제차를 샀다는 소식이 넘쳐난다. 그렇게 우리는 무의식적으로 자신과 남을 비교하며, 상대가 가진 무언가가 나에게 없어 마치 자신이 불행한 것처럼 오인한다.

하지만 정말 없는 것일까? 예를 들어, 누군가 SNS 속 사진을 보고 "행복해 보인다"며 부러워하지만, 그 사진을 올린 사람은 사실 외로움과 불안을 채우지 못해 휴대폰을 들여다보며 누군가의 반응을 기다리고 있다면, 겉으로는 풍요로워 보여도 진짜 내면은 불안정한 상태이다. 그렇다면 그것이 참된 행복이라 할 수 있을까?

그래서 쇼펜하우어는 말한다. 행복은 더 많은 것을 가질 때 생기는 것이 아니라, 이미 가진 것을 얼마나 느낄 수 있느냐에서 온다. 어린 시절엔 아빠가 퇴근한 뒤 사온 치킨 한 마리, 친구와 동네에서 딱지치고 자전거를 탔던 단순한 일상에도 즐겁고 행복했을 것이다.

그런데 세월이 흐르고, 한국은 큰 경제성장을 이뤄 생활 여건이 많이 좋아졌고, 개인적으로 지금은 그때보다 훨씬 많은 것을 갖고 있음에도 불구하고 오히려 무감각해졌다. 가진 게 적었던 시절엔 감사했고, 가진 게 많아진 지금은 불만족스럽다면, 이건 결핍이 아니라 감각의 마비, 무감각의 문제인 것이다.

진정으로 성숙한 사람은 타인이 가진 것을 부러워하지 않는다. 자신에게 집중하면서 자신이 가진 것에 만족하고 감사할 줄 안다.

남의 삶을 들여다보느라 내 삶의 빛을 보지 못하는 건 어리석은 일이다. 진짜 행복은 비교에서 오는 것이 아니라, 지금 내가 가진 것을 얼마나 깊이 느끼며 살아가고 있는가에 달려 있다.

내가 이미 가진 것을 인식하고, 그 안에서 풍요를 발견하는 감각. 그게 바로 쇼펜하우어가 말한 '지혜로운 삶'이다.

마지막으로 묻고 싶다. 오늘 하루, 당신은 무엇에 감사했는가? 가진 사람을 부러워하고 스스로를 불행하다고 느꼈다면, 당신이 가진 것들을 떠올려보라. 그걸 발견하고 감사할 줄 안다면, 당신은 이미, 충분히 아름다움이 있고 행복한 사람이다.

"상대방을 깊이 알게 될수록, 침묵은 지혜가 된다."

쇼펜하우어는 인간관계에서 가장 과소평가된 미덕 중 하나로 '침묵'을 꼽았다. 그는 인간의 본성을 신뢰하되, 동시에 그것이 얼마나 불완전하고 복잡한지를 누구보다 잘 알았기에, 가까울수록 말보다 마음을 다루는 태도가 더 중요하다고 보았다.

우리는 종종 사랑하는 사람에게 더 많은 말을 건네려 한다. 조언, 위로, 충고, 혹은 자신의 생각을 빌미로 상대를 바꾸려는 시도까지. 하지만 이상하게도 그 말들이 진심이었음에도 불구하고, 관계를 어색하게 만들거나 때로는 상처로 돌아올 때가 있다.

이별을 겪은 친구가 있었다. 그 사람을 위로하고자 "이 또한 지나갈 거야", "더 좋은 사람 만나게 될 거야" 같은 말을 전했다. 그런데 친구는 오히려 자신의 감정을 이해받지 못했다는 허탈함을 느꼈고, 관계는 멀어졌다. 그리고 나중에야 깨달았다. 그럴 때는 아무 말 없이 옆에 있어 주는 것, 말 대신 손을 잡아주는 것이 더 큰 위로가 된다는 것을. 그것이 바로 쇼펜하우어가 말한, 침묵이 말보다 더 많은 것을 담을 수 있는 순간이다.

그래서 쇼펜하우어는 "깊은 관계일수록 말은 줄고, 마음은 커져야 한다."라고 말했다. 이 말은 부정적인 감정을 언어에 싣지 않고, 상대를 있는 그대로 받아들이는 태도를 말한다. 말은 계산되고 포장되지만, 침묵은 가식 없이 전해진다. 그 안에 담긴 마음결은 오히려 상대에게 더 깊이 닿는다.

부부나 오랜 친구 사이에 등장하는 갈등도 "왜 내 마음을 몰라주느냐"는 서운함에서 비롯된다. 하지만 그 밑바닥에는 상대를 내 방식대로 이해시키고 싶어 하는 고집이 숨어 있다. 때로는 말보다 기다림이, 설명보다 이해하려는 눈빛이 더 강한 연결을 만든다.

쇼펜하우어는 인간관계가 성숙하려면 말을 줄이고 신뢰를 쌓아야 한다고 보았다. 진짜 가까운 관계란 '많이 말해야 이해되는 사이'가 아니라, '말하지 않아도 마음이 닿는 사이'이다.

혹시 지금, 당신은 누군가에게 너무 많은 말을 하고 있지는 않은가. 당신의 진심을 말로 설명하려 애쓰기보다, 한 걸음 물러서서 조용히 곁에 있어주는 태도가 결국 상대를 더 편안하게 만들고, 더 깊이 연결해 주는 다리가 된다.

침묵은 외면이 아니다. 말 없는 시간 속에 오히려 가장 진한 믿음과 사랑이 깃든다. 그러니 누군가를 진심으로 아끼고 잘되기를 바란다면, 말보다 더 깊은 마음으로 곁에 있어주자. 말보다 조용한 손길 하나가, 그 어떤 언어보다 오래 마음에 남을 것이다.

"연민은 모든 도덕의 시작이다."

쇼펜하우어는 도덕의 출발점을 차가운 이성이 아니라, 뜨거운 감정, 그중에서도 '연민'에서 찾았다. 그는 진정한 윤리적 행동은 타인의 고통을 '이해'하려는 노력보다, 그것을 '함께 느끼는 감각'에서 비롯된다고 말한다.

오늘날 우리는 도덕을 이성과 논리, 옳고 그름으로 생각하는 경향이 있다. 하지만 쇼펜하우어는 그런 계산 위의 도덕은 진짜 윤리가 아니라고 말한다. 왜냐하면, 진짜 도덕은 머리가 아니라 가슴에서 먼저 반응하기 때문이다.

길을 걷다 몸이 불편한 노인이 짐을 들고 있는 모습을 목도했다고 하자. 그 순간 "저 사람에게 도움이 필요하겠구나"라는 생각은, 지식이나 논리가 아니라 '마음'에서 나온다. 그러나 어떤 사람은 그냥 지나치고, 어떤 사람은 발걸음을 멈춘다. 그 작은 차이는 '연민'이라는 감정이 있었느냐 없었느냐의 차이다.

"연민 없는 선은 단지 외형일 뿐이다. 연민이 있는 행동만이 진짜 윤리다." 이 말은 '착한 행동'의 기준이 결과가 아니라 '감정'임을 말해준다. 누군가를 돕는 일이 꼭 대단해야 하는 것도, 철학적 정당화가 필요한 것도 아니다. 아주 사소한 상황 속에서 우리가 느끼는 '저 사람,

괜찮을까?'라는 마음 하나가 인간다움의 출발점이라는 것이다.

그러나 연민은 약한 감정이 아니다. 누군가의 고통을 나의 마음에 담아내려는 '용기'이다. 그리고 그 용기 위에서 진짜 도덕이 시작된다.

지금 당신은 누군가의 슬픔에, 누군가의 고단함에, 얼마나 반응하고 있는가? 도덕은 법이나 지식이 아니라, 타인의 아픔에 대한 당신의 감정에서 시작된다.

연민은 인간을 연약하게 만드는 것이 아니라, 오히려 인간을 더 인간답게 만들어주는 가장 강인한 감정이라는 걸 잊지 마라.

명언 필사

고독은 위대한 정신의 운명이다.

필사: _____

사람들은 남이 가진 것에만 관심 있고, 자신이 가진 것에는 무감각하다.

필사: _____

상대방을 깊이 알게 될수록, 침묵은 지혜가 된다.

필사: _____

연민은 모든 도덕의 시작이다.

필사: _____

──────── 질문과 기록 ────────

내가 비교하고 있는 삶은 누구의 삶이고,
그 비교는 나를 어떻게 만들고 있나요?

장 자크 루소

장 자크 루소는 프랑스의 철학자이자 계몽주의 시대의 중요한 사상가였다. 그는 문명과 사회 제도가 인간을 타락시켰다고 보았고, 인간의 본성은 본래 선하다는 '자연 상태' 이론을 통해 도덕과 자유의 기초를 새롭게 제시했다. 『사회계약론』, 『에밀』 같은 저서에서 인간과 공동체의 관계, 교육의 본질, 참된 자유에 대해 깊이 사유했다. 그는 당시 제도와 위선적인 사회 질서에 비판적이었으며, "자연으로 돌아가라"는 말로 인간 본연의 순수성과 회복을 강조했다. 그의 철학은 프랑스혁명과 현대 민주주의에 큰 영향을 미쳤다.

"인간은 자유로운 존재로 태어났지만,
어디서나 쇠사슬에 묶여 있다."

장 자크 루소는 이 한 문장에 인간 존재의 아이러니를 담아냈다. 인간은 태어날 때 누구에게도 얽매이지 않은 자유로운 존재지만, 살아가는 과정에서 수많은 규범, 제도, 기대 속에 점점 묶여간다. 그래서 루소는 사람이 불행해지는 이유는 자유를 잃어버렸기 때문이며, 그 자유는 외부가 아닌 '내 안의 순수한 의지'에서 비롯된다고 말했다.

갓난아이는 어떤 상황에서도 자신의 감정에 충실하다. 울고 싶으면 울고, 기분이 좋으면 웃고, 원하는 것이 있으면 분명하게 표현한다. 그러나 자라면서부터 "울면 안 돼", "그러면 안 돼" 같은 통제의 말을 들으며, 표현하는 방식에 제약을 받기 시작한다. 사회가 정한 '정답'에 익숙해지고, 그것이 몸에 배면서 우리는 점차 스스로를 조심스럽게 감추기 시작한다.

이것은 아이들만의 이야기가 아니다. 직장에서 우리는 같은 패턴을 반복한다. 매일 정해진 시간에 출근하고, 회사의 질서와 체계에 맞춰 일하며, 하고 싶지 않아도 참아내는 날들이 이어진다. 누군가는 일에 만족하고 몰입하지만, 많은 사람은 "원하진 않지만 해야만 하니까"라는 이유로 삶을 살아간다. 그렇게 우리는 자유롭게 태어났지만, 현실에 발목이 묶인 채 살아간다.

루소는 이러한 현실을 '보이지 않는 쇠사슬'이라 불렀다. 법이나 제도뿐 아니라, 타인의 시선, 비교, 기대, 불안 같은 감정들이 우리를 더욱 단단히 옥죄고 있는 것이다.

그러나 루소는 단순히 세상을 탓하지 않았다. 그가 말한 진정한 자유란 아무런 규칙도 없는 상태가 아니다. 내가 나의 의지로 선택하고, 나의 판단으로 결정하는 삶을 말한다. 남이 만든 틀을 따르지 않고, 내가 옳다고 믿는 방향을 향해 걸어가는 삶. 그것이 그가 말한 '자연 상태의 자유'이다.

그래서 루소는 오늘날의 우리에게 조용히 묻는다. "당신은 지금 진심으로 원하는 삶을 살고 있는가?" 그 질문을 진지하게 마주하는 순간부터, 우리는 다시 자유를 향해 나아갈 수 있다.

지금 당신의 삶은 스스로 선택한 삶인가? 아니면 사회가 정해준 기준과 남들이 말하는 인생의 공식을 따라 억지로 순응하고 있는가?

진짜 자유는 바깥이 열리는 것이 아니라, 내 안에 잠들어 있는 목소리를 깨어나게 하는 것에서 시작된다. 그리고 그 목소리를 따라 한 걸음 내딛는 순간, 당신은 더 이상 누군가의 인생이 아닌, 당신만의 인생을 살아가기 시작할 것이다.

"자연은 결코 속이지 않는다.
스스로를 속이는 건 언제나 자신이다."

　루소는 인간 존재의 진실과 왜곡의 간극을 날카롭게 짚어냈다. 자연은 흐르는 강물, 피어나는 꽃, 지는 해처럼 언제나 그 자리에 존재하며 꾸밈없이 드러나는 것이 자연의 본질이다. 그러나 인간은 자꾸만 그 자연으로부터 멀어지고, 스스로조차 자신을 속이며 살아간다.

　예를 들어, 좋아하는 마음을 들키면 창피하고 자존심이 상한다는 이유로 그 감정을 애써 감춘 적 있을 것이다. 또 누군가에게 상처를 받고도 "별일 아니야"라며 무덤덤하게 마음에서 올라오는 감정을 부인한 적 있을 것이다. 그렇게 마음이 진정된다면 다행이지만, 사실은 겉으로 온전한 척해도 마음속에선 계속 울고 있다. 우리는 그렇게 진짜 마음을 숨기며 산다.

　하지만 루소는 자연은 결코 우리를 속이지 않는다고 말했다. 구름은 흐르면 흐른다고 말하고, 비는 내리면 그대로 내린다. 하늘은 '맑은 척'하지 않고, 나무는 '멋있는 척'하지 않는다. 그 모든 존재는 있는 그대로 살아간다. 속이거나 꾸미지 않아도 충분히 아름답고, 진실하다.

　반면, 우리는 스스로를 가장 많이 기만한다. 감정을 감추고, 약점을 가리고, 때로는 자기 자신마저 믿지 않으려 한다. "괜찮아", "나는 이런 사람이 아냐"라며, 속으로는 아프면서도 겉으로는 아닌 척, 강한 척하며 살아간다. 그럴수록 우리는 점점 자연으로부터, 그리고 본래의 나로부터 멀어진다.

루소가 강조한 건 단순한 자연주의가 아니다. 자연처럼 거짓 없고, 부끄러움 없이 살아가라는 말이다.

자연은 '존재하는 것'만으로도 완전한 것처럼 사람도 마찬가지다. 있는 그대로의 나를 부끄러워하지 않고, 솔직하게 감정을 마주할 때, 그제야 진짜 관계가 시작된다.

루소의 말을 빗대어 보았을 때 우리가 진실하게 살아갈 수 있는 유일한 길은, 자연처럼 꾸밈없는 태도로 자신을 인정하며 사는 것이다.

오늘 당신은 얼마나 솔직했는가? 누군가와 있을 때, 내 진심을 얼마나 드러낼 수 있었는가? 스스로를 속이며 괜찮은 척하느라, 진짜 나를 너무 멀리 보내버린 건 아닌가?

루소는 말한다. 거짓은 문명이 만든 병이고, 진실은 자연이 품고 있는 힘이다. 있는 그대로의 자신으로 살아가는 것. 그것이야말로 가장 자연스럽고, 가장 인간다운 삶이다.

"아이를 어른처럼 만들려 하지 말고, 어른이 아이를 이해하도록 하라."

장 자크 루소는 『에밀』에서 아이를 '작은 어른'으로 보지 않았다. 그는 아이는 어른의 축소판이 아니라, 그 나이만의 감정과 사유를 지닌 완전한 하나의 인간이라고 보았다. 그래서 아이를 어른의 기준으로 훈련시키려 하지 말고, 오히려 어른이 아이의 세계를 이해하려는 노력이 먼저여야 한다고 말한다.

만약 다섯 살 아이가 음료를 마시다가 유리컵을 깨뜨렸다면, 대부분의 어른은 "조심하라고 했잖아!"라고 다그친다. 하지만 아이 입장에선 컵이 미끄러진 것일 수도 있고, 단지 손의 감각이 미숙했던 것일 수도 있다. 이때 필요한 건 훈계보다 "어디 다친 데는 없니?", "어떻게 떨어뜨리게 됐을까?"라고 묻는 것이다. 아이의 행동은 서툴지만, 그 안에 있는 마음은 결코 가볍지 않기 때문이다.

그래서 루소는 말한다. 아이는 미완성된 존재가 아니라, 고유한 인간이다. 교육이란 가르치려는 자세가 아니라, 함께 느끼고, 기다릴 줄 아는 자세에서 시작된다고 보았다.

이 문장은 단지 아이에게만 해당되는 말이 아니다. 우리는 살아가며 타인을 자신의 틀에 맞추려 한다. 연인을 대할 때도, 가족을 이해할 때도 "왜 이렇게 생각하지 않아?", "내가 보기엔 이게 맞는데…"라는 말은 사실, 내 기준에 맞춰 상대를 끌어오려는 시도일 때가 많다.

하지만 루소는 가르치기 전에 먼저 이해하라고 말한다. 이해는 위에서 내려다보는 것이 아니라, 그 사람의 높이에 맞춰 눈을 맞추는 것이다.

그러니 이제부터 누군가의 말이 납득되지 않을 때, "왜 저렇게밖에 말 못 하지?"라는 판단 대신 "어떤 마음에서 저런 말이 나왔을까?"라고 생각해 보자. 그 순간, 관계는 단순한 대화에서 '깊은 만남'으로 바뀔 것이다.

진짜 교육은 아이에게 지식을 전달하는 게 아니라, 존재로서 존중하는 것이다. 그리고 관계도 마찬가지이다. 상대를 바꾸려 하지 않고, 있는 그대로의 모습에 마음을 기울이는 순간, 우리는 서로를 더 잘 이해하게 된다.

아이에게서 배우는 것, 그건 결국 인간을 대하는 태도이다. 이해받는다는 감각이야말로, 인간을 자라게 하는 가장 큰 힘이다.

"행복은 내가 되고 싶은 나로 살아갈 때 찾아온다."

장 자크 루소는 진짜 행복은 남이 만들어놓은 기준이나 누군가의 인정을 통해 오는 것이 아니라, 자기 자신의 목소리를 충실히 따를 때 비로소 찾아온다고 역설했다.

우리는 어릴 적부터 끊임없이 자기 생각과 의견이 억압되고 왜곡된 채 살아간다. 특히 주입식 교육이 극심한 한국은, 자신의 의견을 표출하면 독특한 사람, 남들과 다른 사람으로 인식되고 미움과 따돌림을 받기도 한다.

또 대부분 많은 사람들은 "좋은 대학에 가야 해", "안정된 직장이 최고야", "이 정도는 되어야 성공한 삶이지."라고 말을 하면서 정해진 대로 살라고 강요한다. 그러나 그 말만 따라 움직이다 보면, 어느새 우리는 '내가 진짜 원하는 것'은 뒤로 밀려나 있다. 그래서 루소는 진짜 행복은 '무엇을 성취했는가'보다 '나로서 살아가고 있는가'에 달려 있다고 말한다.

많은 사람들이 종종 '성공'이라는 단어에 현혹되어, 남들이 박수 치는 길을 걸어야 행복할 거라고 믿지만, 루소는 행복은 바깥에서 오는 게 아니라, '스스로 선택한 삶'을 살 때 안에서 자라난다고 단호히 말하고 있다.

어떤 이들은 작고 느린 길을 가더라도 그 길이 자기의 길이라고 느끼는 순간, 그 길에서 행복과 평안을 누린다. 반대로, 남들이 부러워할 만한 큰 성취를 이뤘음에도 여전히 불행한 이유는 그 삶이 진짜 자신이 원한 것이 아니기 때문이다.

이처럼 행복은 내가 '무엇을 이루었는가'가 아니라 '나는 누구로 살고 있는가'라는 물음에 솔직할 때 비로소 찾아온다. 그러니 다른 사람이 정한 내가 아니라 당신이 되고 싶은 그 사람이 되자. 그때 비로소, 삶은 당신의 동반자가 되어줄 것이다.

명언 필사

인간은 자유로운 존재로 태어났지만, 어디서나 쇠사슬에 묶여 있다.

필사: _____

자연은 결코 속이지 않는다. 스스로를 속이는 건 언제나 자신이다.

필사: _____

아이를 어른처럼 만들려 하지 말고, 어른이 아이를 이해하도록 하라.

필사: _____

행복은 내가 되고 싶은 나로 살아갈 때 찾아온다.

필사: _____

―――― 질문과 기록 ――――

자신의 감정을 솔직하게 표현하며 살아가고 있나요?

바뤼흐 스피노자

　스피노자는 네덜란드 태생의 유대인 철학자로, 합리주의 철학의 대표자이자 윤리 중심 사상의 창시자 중 한 명이다. 그는 『윤리학』이라는 책에서 인간, 자연, 신, 감정에 대해 수학적이고 논리적인 구조로 설명하며, 모든 존재는 하나의 본질 속에서 연결되어 있다고 주장했다. 당시 종교 권위에 맞선 그의 철학은 유대교 공동체에서 파문당할 만큼 파격적이었지만, 그는 조용한 삶을 살며 글을 통해 사유를 이어갔다. 스피노자는 인간이 자유롭기 위해선 감정에서 이성을 회복해야 한다고 보았으며, 그 통찰은 오늘날에도 깊은 울림을 준다.

"사랑은 기쁨의 형태 중 하나다."

스피노자에게 사랑은 단지 하나의 감정이 아니었다. 그것은 존재를 확장시키는 에너지, 삶을 더 넓고 깊게 만드는 '능동적인 감정'이었다. 그는 사랑이란 타인의 기쁨을 나의 기쁨으로 느낄 수 있을 때 발생한다고 믿었다. 그리고 바로 그 지점에서, 삶의 방향을 바꾸는 역동적 힘을 얻게 된다고 말했다.

사랑이 단순한 소유나 의존의 감정이라면, 우리는 그것에 쉽게 실망하거나 지치게 된다. 하지만 사랑이 타인의 삶을 바라보는 새로운 시선이라면, 그때 사랑을 통해 자신을 넘어서게 된다. 상대방의 웃음이 곧 나의 기쁨이 되는 순간. 그것은 단순한 감정의 교환이 아니라, 삶의 영역이 확장되는 경험이다.

어떤 이는 친구의 성공을 보면 배가 아프다. 나보다 더 잘된 것 같고, 내가 뒤처지는 기분이 들어 괜히 초조해진다. 하지만 어떤 사람은 친구의 기쁨 앞에 진심으로 웃고, 함께 축하하며 마음이 환해진다. 후자가 바로 스피노자가 말한 '사랑의 기쁨'이다. 그 사랑은 나를 더 광대하고 통합된 존재로 이끈다. 그 사랑은 내 안의 결핍을 채우려는 욕구가 아니라, 이미 있는 충만함을 나누려는 태도이다.

사랑은 나를 확장시킬 때, 비로소 사랑이 된다. 스피노자는 사랑이 인간을 수동적으로 만들지 않는다고 했다. 오히려 더 능동적이고 자율적 존재로 인도한다고 역설하였다. 사랑하는 마음으로 누군가를 바라볼 때, 우리는 더 많은 가능성과 에너지로 채워진다. 그 감정은 우리를 움츠리게 하지 않는다. 오히려 활짝 피어나게 만든다. 그래서 스피노자는 사랑을 단순한 감정으로 보지 않았다. 그것은 하나의 철학적 태도이며, 삶을 살아가는 방식이다.

지금 당신은 어떤 사랑을 하고 있는가. 누군가를 사랑하고 있다는 사실이, 당신을 더 풍요롭고 단단한 사람으로 만드는가. 아니면 아직도 사랑이라는 이름 아래, 결핍을 채우려 분투하고 있는가.

스피노자가 말한 사랑은, 함께 웃을 수 있는 힘이다. 내가 아닌 '우리'의 기쁨을 기꺼이 나의 기쁨으로 내면화할 때, 더 이상 혼자가 아니라 비로소, 사랑은 삶의 일부가 된다.

"자유란 이성에 따라 사는 것이다."

스피노자가 말하는 자유는 흔히 우리가 생각하는 '하고 싶은 대로 하는 것'과는 거리가 멀다. 그는 진짜 자유는 욕망이나 감정에 끌려가는 삶이 아니라, 스스로의 이성을 따라 자기 삶을 선택하고 조율하는 데 있다고 말했다. 자유는 통제받지 않는 상태가 아니라, 오히려 스스로를 가장 잘 통제할 수 있는 상태이다.

감정은 빠르고 강하다. 어떤 날은 작은 말 한마디에도 하루가 무너지고, 어떤 날은 충동적인 판단이 관계를 망치기도 한다. 우리는 자주 "그땐 화가 나서 그랬어", "어쩔 수 없었어"라고 말하지만, 그 말은 곧 '나는 내 감정의 노예였다'는 고백이기도 하다.

반면 어떤 사람은 감정이 솟아올라도 그 감정을 들여다본다. 분노를 느끼더라도 그 이유를 곱씹고, 그 감정이 나에게 어떤 의미인지 생각한 뒤 행동한다. 그 사람은 상황에 반응하지 않고, 이성으로 선택한다. 스피노자는 바로 그런 사람이 진정으로 자유로운 사람이라고 칭했다.

자유는 감정을 억누르는 것이 아니다. 오히려 이성적으로 감정을 인식하고, 그에 휩쓸리지 않으면서도 자신이 진정으로 원하는 길을 선택하는 힘이다. 충동을 따르는 것은 쉽지만, 그 끝에는 종종 후회가 기다리고 있다. 반면, 이성은 어렵지만, 그 길 위에 존엄과 자율이 있다.

삶은 매 순간 선택의 연속이다. 누군가에게 상처받았을 때, 나도 똑같이 되갚을 것인가. 아니면 그 상처를 배움으로 바꾸고 나아갈 것인가. 피곤하다고 무기력하게 하루를 흘려보낼 것인가. 아니면 원하는 방향으로 하루를 설계할 것인가. 이 질문들에 대답하는 방식이 바로

'이성에 따라 사는 삶'이다.

따라서 스피노자는 말한다. 자유란 누가 허락해 주는 상태가 아니라, 내 안의 이성이 나를 주도할 때 비로소 주어지는 것이다.

지금 당신은 감정이 이끄는 대로 살고 있는가, 아니면 이성의 지침에 따라 선택하며 살고 있는가. 이성은 냉철한 계산이 아니라, 자기다움을 수호하는 따뜻한 이정표이다. 그리고 진짜 자유는, 그 이정표를 따라 걸을 때 비로소 시작된다.

"누군가를 미워하는 것은, 그 사람보다 나를 더 해친다."

스피노자는 감정이 일시적인 파동이 아니라, 우리의 존재 전체에 영향을 미친다고 보았다. 그중에서도 미움과 분노는 우리 안의 이성을 마비시키고, 삶의 주도권을 앗아가는 가장 강력한 감정이다. 겉으로는 상대를 겨누고 있는 것처럼 보이지만, 사실 그 칼끝은 나 자신을 향해 있다.

누구나 한 번은 누군가를 미워해 본 경험이 있을 것이다. 분명 상처를 준 건 상대였지만, 그 사람을 미워하는 동안 불편하고 불안한 건 나 자신이다. 밤늦게까지 그 말을 곱씹고, 나만의 시나리오를 쓰며 분노를 되새기는 그 시간 동안, 상대는 아마 아무 일도 없다는 듯 두 발 뻗고 잘 자고 있을지 모른다. 결국 그 감정에 가장 많이 갇혀 있는 건 상대가 아니라 바로 나 자신이다.

그래서 스피노자는 누군가를 미워하는 순간, 나는 더 이상 자유롭지 않다고 말한다. 미움은 그 사람과의 관계만 해치는 것이 아니라, 나의 내면마저 어둡게 만들고, 나의 평온을 빼앗, 삶의 향로를 흐리게 만든다.

물론 상처를 잊는 건 쉽지 않다. 또, 무조건 용서하라는 말이 아니다. 중요한 건 그 감정에 머물 것인지, 아니면 그 감정에서 벗어날 방법을 찾을 것인지의 문제이다. 미움은 자연스러운 감정이지만, 그 감정을 언제까지 품고 있을지는 '선택'의 문제이다.

감정이 아닌 이성을 따라가는 건 상대를 위한 것이 아니라, 내 삶을 위한 결정이다. 내가 더 나은 사람으로 나아가기 위해서, 내 안의 미움을 걷어내는 용기가 필요하다.

누군가를 미워하는 순간 우리는 상대가 아니라, 자기 자신을 잃어버린다. 그러니 지금 당신이 붙들고 있는 감정이 당신을 어떻게 만들고 있는지 스스로에게 물어봐라. 그 질문에 정직하게 답할 수 있을 때, 진짜 자유가 시작된다.

"우리는 서로에게 도움을 줄 때 가장 강해진다."

스피노자는 인간을 고립된 개별자가 아니라, 상호 연결된 존재로 보았다. 그는 진짜 강함은 경쟁을 통해 얻는 것이 아니라, 서로 도우며 살아갈 때 자연스럽게 드러난다고 믿었다. 강한 사람은 남을 이기는 사람이 아니라, 함께 살아가는 힘을 아는 사람이라고 했다.

누군가의 작은 말 한마디에 마음이 무너질 뻔한 하루가 다시 복구된 적이 있다면, 당신은 이미 그 말을 경험한 것이다. 혼자선 아무것도 할 수 없던 순간, 누군가가 건넨 짧은 말이나 작은 손길이 삶을 바꾸기도 한다. 반대로 나 역시 누군가의 삶에 힘이 되었던 적도 있을 것이다.

우리는 가끔 '남을 돕는 일은 손해'라고 생각할 때가 있다. 그러나 진짜 손해는 서로 연결되지 못한 채 살아가는 삶이다. 사람과 사람 사이의 도움은 나눌수록 커진다. 그리고 도움을 주는 사람도, 받는 사람도 더 강해진다. 그것은 감정의 확장이고, 존재의 확장이다.

현대 사회는 개인주의를 미덕처럼 말하지만, 혼자 모든 걸 이겨내야 한다는 믿음은 오히려 우리를 점점 더 약하게 만든다. 도움을 주는 것을 두려워하지 않고, 도움을 요청하는 것을 부끄러워하지 않는 삶. 거기서부터 인간다운 관계와 진짜 강함이 시작된다.

우리는 서로가 서로의 거울이고, 지지대이다. 내가 누군가에게 힘이 될 수 있고, 누군가도 나를 끌어줄 수 있다는 믿음이 있을 때, 삶은 혼자가 아닌 '함께'로 완성된다.

지금 당신 곁에는 어떤 사람이 있는가? 그리고 당신은 누구에게 어떤 사람이 되어가고 있는가? 서로에게 든든한 버팀목이 될 때, 우리는 단독으로 존재할 때보다 훨씬 더 단단하고 깊은 존재가 될 것이다. 그리고 그것이 스피노자가 말한 강함이자, 진정한 인간다움이다.

명언 필사

사랑은 기쁨의 형태 중 하나다.

필사: _____

자유란 이성에 따라 사는 것이다.

필사: _____

누군가를 미워하는 것은, 그 사람보다 나를 더 해친다.

필사: _____

우리는 서로에게 도움을 줄 때 가장 강해진다.

필사: _____

―――― 질문과 기록 ――――

당신은 사랑을 통해 삶이 확장되고 있나요?

에리히 프롬

　에리히 프롬은 독일 태생의 사회심리학자이자 철학자로, 인간의 자유, 사랑, 소외에 대한 깊은 통찰을 남긴 사상가다. 그는 프로이트의 정신분석을 비판적으로 수용하며 인간 존재를 사회적 맥락에서 바라보았고, 『사랑의 기술』, 『자유로부터의 도피』 등에서 개인과 사회, 자유와 책임, 사랑과 고독 사이의 관계를 집중적으로 탐구했다. 그는 현대인이 자유를 원하면서도 동시에 그 자유를 두려워하며 도피한다는 사실을 지적했고, 진정한 사랑은 능동적이고 성숙한 실천이라고 주장했다. 프롬의 철학은 인간관계와 삶을 성찰하는 데 여전히 유효한 길잡이로 작용한다.

"사랑은 감정이 아니라 능동적인 행위다."

에리히 프롬은 사랑을 단순한 감정의 상태로 보지 않았다. 그는 사랑이란 '단순히 일어나는 사건'이 아니라 '무언가를 하는 일'이라고 말한다. 즉, 사랑은 느끼는 것이 아니라 실천하는 것이다. 사랑은 본능이 아니라 기술이고, 감정이 아니라 책임이며, 본능적인 충동이 아니라 의식적인 선택이다.

우리는 종종 사랑을 운명론적으로 해석한다. 저절로 끌리고, 감정이 고조되고, 함께 있는 것만으로도 기쁘고 만족스러운 시기를 '진짜 사랑'이라 믿는다. 하지만 그런 감정은 대부분 일시적이고 쉽게 식는다. 상대가 변하거나, 기대와 어긋나거나, 현실이 우리를 시험할 때, 우리는 "사랑이 식었다"고 말하며 관계를 내려놓는다.

프롬은 그런 사랑은 '받고 싶은 욕구'에 불과할 뿐, 진짜 사랑이 아니라고 했다. 진짜 사랑은 마음이 들뜨는 순간보다, 마음이 식은 뒤에도 선택하는 태도에 있다. 감정이 줄어든다고 해서 사랑이 종결되는 것이 아니다. 오히려 그때부터가 시작일 수 있다.

아이가 밤새 열이 나서, 피곤한 몸으로 아이를 간호하는 부모의 행동. 연인이 실수했을 때 감정은 상하지만, 그 사람을 이해하고자 애쓰는 태도. 오랜 세월 함께한 친구에게 화가 나면서도 관계를 지키기 위해 한 걸음 물러나는 마음. 그 모든 것이 사랑이다. 사랑은 쾌감이 아니라, '상대의 삶을 책임지겠다는 자세'이다.

프롬은 말한다. "사랑받기보다 사랑할 줄 아는 사람이 되어야 한다." 많은 사람들이 사랑을 확인받고 싶어 하지만, 진정한 성숙은 '누군가를 사랑할 수 있는 힘'을 기르는 데 있다. 그러나 그 힘은 하루아침에 생기지 않는다. 꾸준한 연습과 배움이 필요하다. 그리고 그 무엇보다 '사랑은 노력할 가치가 있다'는 믿음이 반드시 필요하다.

과연 당신의 사랑은 얼마나 능동적인가. 혹시 사랑을 하지만 사랑받고 싶은 마음만 비대하게 키우고 있진 않은가. 아니면 오늘도 누군가를 더 잘 사랑하기 위해 나를 연마하고 다듬고 있는가.

사랑은 기다리는 감정이 아니라, 내가 먼저 실천하는 태도임을 명심하자. 사랑할 줄 아는 사람이 되는 것, 그것이 우리가 평생 걸어가야 할 인간다움의 길이다.

"자유는 책임을 수반할 때만 진짜다."

에리히 프롬은 현대인이 겉으로는 자유를 찬양하면서도, 내면 깊은 곳에서는 그 자유를 불안하게 느낀다고 말했다. 그는 자유를 단순히 "무엇이든 할 수 있는 상태"로 보지 않았다. 오히려 자유란 스스로 선택하고, 그 선택의 결과를 책임질 수 있는 능력이라고 보았다.

오늘날 우리는 많은 선택지를 갖는 것을 자유라고 생각한다. 직업도, 관계도, 삶의 방식도 예전보다 훨씬 넓은 폭에서 고를 수 있는 시대에 살고 있다. 그런데 선택의 폭이 넓어질수록 오히려 더 혼란스럽고 불안해진다. 책임지기 싫어 도망치고 싶은 마음이 커지는 경우도 많다.

원하던 직업을 가졌지만 "내가 정말 잘할 수 있을까"라는 두려움에 매일 흔들리고, 연애를 시작했지만 "나중에 후회하면 어쩌지"라는 생각에 진심을 다하지 못한다면, 우리는 진정 자유로운 게 아니다. 자유를 손에 쥐고 있지만, 그것을 붙들 담대함이 없는 상태이다.

프롬은 말했다. 진짜 자유에는 반드시 책임이 따라야 하며, 자신이 선택한 길에서 비롯된 실패도, 후회도, 상처도 스스로 감당하겠다는 자세가 있을 때 비로소 그 선택이 '진짜 나의 것'이 된다고.

하고 싶은 말만 하고, 하기 싫은 일은 피하며, 누군가 대신 책임져주길 바란다면 그것은 자유가 아니라 회피이며, 의존이다. 자유는 도망치는 자의 것이 아니라, 감당할 줄 아는 사람의 몫이다.

내가 나의 삶을 스스로 만들고 있다는 자각. 그 안에서만 우리는 진정 자유로워질 수 있다.

혹시 당신은 지금 자유롭고 싶다고 말하면서도, 타인의 시선을 의식하고 결과가 두려워 선택을 미루고 있지는 않은가. 혹은 지금 누리고 있는 자유가 정말로 '나의 선택'이 아니라, 사회나 타인이 정해준 결정은 아닌가.

그런 사람에게 프롬은 단호하게 말한다. "책임질 수 없다면, 그것은 아직 자유가 아니다." 진짜 자유는 내 삶의 주인이 되겠다는 선언에서 시작된다. 당신이 삶의 주인이라면, 당신은 진짜 자유를 누리고 있는 것이다. 그렇지 않다면, 지금의 삶은 자유와는 거리가 먼 상태일 수 있다.

마지막으로 당신에게 다시 묻고 싶다. 지금 당신은 정말 당신의 삶을 살아가고 있는가. 아니면 여전히, 누군가의 선택에 구속되어 있지는 않은가. 진짜 자유는 먼 데 있지 않다. 당신의 책임을 감당하겠다는 용기, 그곳에서부터 비로소 자유는 시작된다.

"현대인은 너무 많은 것을 가졌지만, 자신을 잃고 있다."

오늘날 우리는 무엇이든 빠르게 갖고, 쉽게 향유할 수 있다. 스마트폰만 열면 수많은 콘텐츠가 범람하고, 클릭 한 번이면 하루 만에 새 물건이 집 앞에 도착한다. 하지만 이 모든 편리함 속에서 점점 더 많은 사람들이 공허함을 느끼고, 오히려 더 불행해진다. 도대체 왜 그런 것일까?

에리히 프롬은 이러한 현대인의 상태를 "존재보다 소유를 중시한 결과"라고 설명한다. 무언가를 많이 가진다고 해서 반드시 행복해지는 것은 아니다. 오히려 내가 누구인지 망각하지 않고 살아갈 때, 진짜 풍요가 시작된다고 그는 말한다.

좋은 직장을 다니고, 넓은 집에 살며, 최신 기기를 들고 다니더라도 마음이 늘 공허하고 허전하다면, 그 삶은 껍데기에 지나지 않는다. 겉으로는 충만한 듯 보이지만, 속은 텅 빈 상태인 것이다.

프롬은 말한다. 인생의 행복은 거창한 무엇을 소유하거나 외적인 변화를 통해 오는 것이 아니라, 자신의 내면을 깊이 들여다보고 스스로에게 정직한 질문을 던질 때 시작된다.

하루에 단 10분이라도 조용히 앉아 "오늘 나는 무엇을 느꼈는가?", "나는 지금 어떤 삶을 원하는가?"와 같은 질문을 스스로에게 던지는 시간이, 최신 스마트폰을 사고 새로운 옷을 사는 것보다 훨씬 더 중요한 순간일 수 있다.

또한 진심을 나누는 대화는 삶을 더 정결하게 만든다. 사람과 사람 사이에서 진짜 감정을 주고받는 순간, 우리는 '존재하는 나'를 다시 느끼게 된다. 내 안의 나조차 몰랐던 진실을 타인을 통해 발견하며, 우리는 더 깊은 존재로 성장해 나간다.

물질은 삶을 편리하게 만들어줄 수는 있지만, 삶에 의미를 부여하지는 못한다. 의미는 언제나 '내 안'에서 시작된다. 소유가 아닌 존재를 중심에 둔 삶. 그것이 우리가 잃어버린 '나'를 되찾고, 진짜 충만함을 되살리는 길이다.

지금 당신의 하루는 무엇으로 채워지고 있는가? 혹시 소유에만 집착하며 살고 있지는 않은가? 그 안에 '진짜 당신'은 얼마나 담겨 있는가?

진짜 나로 살아간다는 건, 더 많이 갖는 삶이 아니라 더 깊어지는 삶이다. 그리고 그 깊이는, 어느 먼 곳에 있는 것이 아니라 늘 당신 안에, 조용히 기다리고 있다는 것을 잊지 말자.

"자기 자신을 사랑하지 못하면, 누구도 진정으로 사랑할 수 없다."

한 번쯤 이런 관계를 본 적이 있다. 누군가를 너무 사랑한다고 말하면서도, 늘 상대방에게 집착하고, 불안해하고, 끊임없이 확인을 구하는 사람. 그 사람은 상대를 진심으로 사랑하고 있다고 믿지만, 사실은 사랑이 아닌 불안과 결핍을 상대에게 전가하고 있는 것일지도 모른다.

자기 자신을 사랑하지 못하는 사람은 늘 타인의 마음으로 자기 존재를 증명하려 한다. "당신은 날 사랑하나요?", "내가 없으면 당신이 외롭지 않을까요?" 이 질문은 상대를 향하지만 사실 그 질문의 바닥에는 자기 자신을 향한 의심이 깔려 있다.

프롬은 "자신을 충분히 이해하고 존중하지 않는 사람은, 타인을 있는 그대로 받아들일 수 없다."라고 말했다. 왜냐하면 상대가 나를 떠날까 두렵고, 나보다 잘난 사람을 만나면 자신이 하찮게 보이기 때문이다.

반대로, 스스로를 존중하고 신뢰하는 사람은 누군가를 통제하거나 불안해하지 않는다. 그는 자신이 먼저 '충분한 사람'이라는 것을 알기 때문에 상대를 향한 사랑도 조급하지 않고, 억지로 소유하려 하지 않는다. 진짜 사랑은 "너 없인 안 돼"가 아니라 "너와 함께라서 더 좋은 내가 된다"라는 감정이다.

그러기 위해선 먼저 스스로에게 따뜻해야 한다. 실수한 자신을 함부로 채찍질하지 말고, 혼자 있는 자신을 외면하지 말고, 부족한 자신을 당당히 안아야 한다.

자기 자신을 사랑한다는 건, 내가 충분히 가치 있는 사람이라는 믿음을 놓지 않는 것이다. 그 믿음이 있을 때, 우리는 누군가를 의존 없이 사랑할 수 있다. 그리고 그 사랑은 결핍이 아닌 성장으로 향한다.

지금 당신은 스스로를 어떻게 생각하는가? 진정으로 누군가를 사랑하고 싶다면, 먼저 나 자신을 어떻게 사랑하고 있는지 스스로를 돌아보자.

"나는 나 자신을 어떻게 사랑하고 있는가?" 이 질문에 진심으로 답할 수 있을 때, 비로소 당신의 사랑은 누군가에게 상처가 아닌 힘이 되어줄 수 있을 것이다.

명언 필사

사랑은 감정이 아니라 능동적인 행위다.

필사: _____

자유는 책임을 수반할 때만 진짜다.

필사: _____

현대인은 너무 많은 것을 가졌지만, 자신을 잃고 있다.

필사: _____

자기 자신을 사랑하지 못하면, 누구도 진정으로 사랑할 수 없다.

필사: _____

―――― **질문과 기록** ――――

**내가 내린 결정 중에
책임을 끝까지 진 경험은 무엇이 있었나요?**

공자 (孔子)

공자는 중국 춘추시대의 유학자이며, 동아시아 사상과 인륜 도덕의 근간을 세운 인물이다. 혼란과 전쟁의 시대에 태어난 그는 사회 질서를 회복하기 위해 인간의 도리와 예(禮), 인(仁)의 중요성을 강조했다. 『논어』를 통해 제자들과 나눈 대화를 기록으로 남겼으며, 그의 가르침은 이후 유교로 체계화되어 동아시아 전통문화의 뿌리가 되었다. 공자는 인간은 관계 속에서 인간다워진다고 보았고, 사람 간의 도리를 지키는 것이 바로 올바른 삶이라 여겼다.

"내가 원하지 않는 바를 남에게 행하지 말라."

공자는 타인의 마음을 이해하기 위해 거창한 철학이 필요한 것이 아니라, 먼저 내 마음을 들여다보는 것에서부터 시작해야 한다고 말했다.

우리는 살면서 가족, 친구, 직장 동료, 낯선 사람 등 수많은 사람과 마주하고 대화를 나눈다. 그러나 안타깝게도, 내 말과 행동이 상대에게 어떤 느낌을 줄지 깊이 고려하지 않은 채 지나칠 때가 많다.

가끔 지하철에서 옆자리에 앉은 사람이 다리를 쭉 벌리고, 이어폰도 끼지 않은 채 영상을 크게 틀어 놓는 것을 본 적이 있을 것이다. 그런 사소한 행동이 하루 종일 지친 마음을 더욱 피곤하게 만든다. 하지만 그 순간 느꼈던 불쾌함은 다음번에 '나는 그러지 말아야지' 하고 스스로 조심하게 만드는 계기가 된다. 그것이 바로 공자가 말한 도덕, 윤리 의식이다.

공자가 말한 도덕은 어렵고 복잡한 규율이 아니다. 그것은 단지 "내가 싫었던 것"을 기억하고, 그 감정을 다른 사람에게 반복하지 않으려는 노력 또는 의지적 실천이다.

누군가에게 말을 걸었을 때, 상대가 휴대폰만 보며 건성으로 대답했던 경험도 있을 것이다. 그런 무심함은 대수롭지 않게 보일 수 있지만, 때로는 깊은 정서적 흉터로 남는다. 그 기억이 있는 사람은, 언젠가 누군가와 마주 앉아 대화를 나눌 때 휴대폰을 내려놓고 눈을 바라보게 된다. 그 경험이 배려의 뿌리가 되는 것이다.

이처럼 우리는 매일 선택의 기로에 선다. 누군가를 무시할 수도 있고, 존중할 수도 있다. 무관심할 수도 있고, 배려심을 발휘할 수도 있다. 선택의 순간마다 "내가 저 상황에 있었다면 어땠을까?"를 떠올릴 수 있다면, 우리는 이미 공자의 가르침을 삶으로 실천하고 있는 것이다.

오늘 당신이 말하는 화법, 대하는 태도, 전하는 말투는 언젠가 반드시 당신에게 돌아온다. 그러니 대접받고 싶은 대로 먼저 남을 대접하자. 내가 원하지 않는 바는 남에게 하지 말고, 내가 바라는 바는 먼저 실천하자. 그렇게 조심스럽게, 정성스럽게 사람을 대하다 보면, 우리의 인간관계는 자연스레 온화해질 것이다.

도덕은 남을 위한 것이 아니라, 결국 나를 지키는 방식이다. 그리고 그런 당신의 품성은, 언젠가 누군가의 마음에 따뜻한 기억으로 남을 것이다.

"어진 사람은 남을 사랑한다."

공자는 '사람답게 사는 것'의 기준을 지식이나 능력이 아닌 '인(仁)'이라 했다. 그 말은 곧, 타인을 향한 자애로운 마음이 인간됨의 시작이라는 뜻이다.

보통 '사랑한다'는 말은 연인 사이나 가족 간의 관계에서만 쓰인다고 생각하지만 사실은 아니다. 힘든 사람 곁에 말없이 있어주는 일, 때로는 조금 부족한 사람을 마주해도 이해심과 배려심으로 웃으며 받아주는 일 등 모든 것이 사랑이다.

어진 사람은, 다른 사람의 행동이 자신을 조금 불편하게 해도 화를 내거나 짜증 내지 않고 관대한 심성으로 품을 줄 안다. 또 누군가 도움이나 위로가 필요할 때 망설이지 않고 먼저 손 내밀 줄 아는 인애로운 사람이다.

예를 들면 회사에서 실수한 후 위축된 후배에게 "나도 예전에 그랬어. 괜찮아, 다음엔 잘할 수 있어."라며 용기를 불어넣어 주는 태도. 또 음식점에서 주문을 헷갈린 아르바이트생에게 화내기보단 "괜찮아요, 실수할 수도 있죠."라며 웃으며 건네는 말 한마디가, 그 날 그 사람의 하루를 살릴 수도 있다.

요즘같이 이해보다 판단이 넘쳐나는 세상에서, 따뜻한 말과 미소는 많은 사람들에게 용기를 고양시키며 우울과 절망에 빠진 사람을 구한다.

공자의 어질다는 말은, 특별한 능력이 아니라, 마음을 어떻게 움직이느냐에 달려 있다. 사람은 누구나 실수를 하고, 부족하다. 그렇기에 결국 우리 모두는 '누군가의 이해'를 필요로 하는 존재들이다.

사람은 말로 설득되기보다 따뜻한 태도로 변하게 된다. 사랑이란 거창한 고백이 아니라 누군가를 비난하지 않고, 그 자리에 그대로 존재하게 하는 일이다.

지금 이 순간에도, 당신 곁의 누군가는 당신의 어짊을 기다리고 있을지 모른다. 당신이 조금 더 여유 있게 웃어주고, 조금 덜 화내며, 조금 더 들어줄 수 있다면, 그 하루는 누군가에겐 잊을 수 없는 온정이 된다.

결국 사람은, 사람에게서 따뜻해지는 존재다. 당신이 남을 사랑할 줄 안다면, 다른 사람에게 사랑을 받을 수도 있고 그렇게 서로 사랑이 가득할 때, 인생이 더욱 아름답고 행복해질 것이다.

"예를 잃으면 관계는 무너진다."

공자에게 있어 '예'란 억지로 지켜야 하는 형식이 아니라, 사람과 사람 사이를 따뜻하게 연결하는 보이지 않는 다리였다.

어떤 관계든 첫 만남은 항상 우호적이다. 실수도 가볍게 웃어넘기고, 마음을 나누는 일도 어렵지 않다. 하지만 시간이 지날수록, 그 관계를 지탱하는 건 처음의 호감보다 드러나는 '태도'이다.

친한 친구라고 해서 부탁을 당연한 권리로 간주하고, 고맙다는 말을 생략하며, 편하다는 이유로 말투나 행동을 함부로 하게 되면 어느새 관계는 서서히 금이 가기 시작한다. 대화 도중 말을 끊거나, 작은 예의를 무심코 생략할 때 상대는 스스로도 모르게 마음의 문을 서서히 닫는다.

회사에서 매일 함께 일하는 동료에게 "수고했어요" 한마디가 없고, 연인 사이에서 "미안해"라는 말이 점점 줄어든다면, 그 순간부터 관계는 익숙함이라는 이름 아래 서서히 붕괴되기 시작한다.

공자는 말했다. 예는 단지 격식을 갖추는 것이 아니라, 말 한마디, 몸짓 하나, 심지어 표정 하나에도 담기는 상대에 대한 존중이라고. 즉, 예는 사람 사이의 온도이며, 그 온도는 말보다 더 깊이 마음에 안착했다.

"가족이니까 괜찮겠지", "친하니까 생략해도 되겠지"라며 하나둘씩

예를 줄이다 보면, 결국 남는 건 '편함'이 아니라 '무례함'이 된다. 예는 관계 속에서 자연스럽게 피어나는 배려이자, 무너지지 않도록 서로를 지켜주는 무형의 장치이다.

사람의 마음은 의외로 작은 것에서 움직이고, 그 작고 사소한 것 하나에 오래 머문다. 감사의 말 한마디, 눈을 마주치며 진심으로 대화하는 시간, 상대의 말을 끝까지 듣는 태도. 이 모든 게 '예'이며, 결국 '존중'이다.

예가 사라지면, 가까운 사람 사이에도 거리가 생긴다. 그러면 아무리 오랜 관계라도 무너지는 데는 그리 오래 걸리지 않는다. 그래서 공자는 인간관계의 중심에 '예'를 염두에 두었던 것이다.

그러니 사소한 것일지라도, 당신의 관계에 예를 다하자.

좋은 관계는 좋은 감정이 아니라, 좋은 태도에서 피어난다.

그리고 그 태도는 결국, 당신이 어떤 사람인지 말해주는 가장 조용한 언어이다.

예를 잃지 않는다는 것은, 사랑을 지키겠다는 서약과 같다.

작은 존중이 쌓일 때, 관계는 무너지지 않고 오래도록 영롱히 반짝인다.

"군자는 조화로우나 같지 않고, 소인은 같으나 조화롭지 않다."

공자는 성숙한 사람은 다름 속에서도 화합할 줄 알고, 미성숙한 사람은 억지로 같아지려 하다가 결국 마음이 멀어진다고 말했다. 한마디로, 진정한 어울림은 '닮음'이 아니라 '존중'에서 시작된다는 뜻이다.

살다 보면 우리는 '다름'에 대한 심리적 저항감을 자주 느낀다. 어떤 모임이나 회의에서 의견을 결정할 때, 모두가 한목소리를 내지만 다른 의견을 내면 괜히 튀는 것처럼 느껴질 때가 있다. 그래서 분위기를 깨지 않기 위해 억지로 맞장구를 치고, 진짜 내 생각은 조용히 삼킨다. 그렇게 다수에 동화되지만, 어딘가 마음은 불편하다. 공자는 이런 상태를 '같으나 조화롭지 않다' 보면서 눈에 보이는 일치는 있지만, 마음 깊은 곳에서는 단절이 일어난다고 했다.

반대로 진짜 조화는 다르다는 사실을 받아들이면서도 함께할 수 있는 마음에서 피어난다. 생각이 다르더라도 "그럴 수 있겠다"고 말할 수 있는 기품과, 배려의 조화가 상대를 있는 그대로 마주하는 성숙한 자세다.

가족 간에도, 친구 사이에도, 연인 사이에도 우리는 자주 '같은 생각을 하고 같은 행동을 해야지만 가까운 관계'라고 착각한다. 하지만 공자는 말했다. 진짜 어울림은 '같기 때문'이 아니라 '달라도 괜찮기 때문'에 가능하고, 군자는 다름을 무기로 삼지 않고, 다름 속에서 배움을 찾는다.

지금 당신의 관계는 어떠한가? 비슷함 속에서 불편한 마음을 감추고 있지는 않은가, 아니면 다름을 품으며 진짜 어울림을 만들어가고 있는가?

관계는 맞춰가는 것과 동시에 다름을 이해하는 것이다. 다름을 감싸안을 수 있는 관용의 품 안에서 우리는 조금 더 나은 사람이 되어 간다. 그리고 그 사람이 바로 공자가 말한 '군자'다.

그러니 나와 다르더라도 이해할 수 있는 마음을 갖고 살자. 다른 거지 틀린 게 아니라는 걸 이해하고 품는 자세를 가질 때 인간관계는 보다 아름다워질 것이다.

명언 필사

내가 원하지 않는 바를 남에게 행하지 말라.

필사: _____

어진 사람은 남을 사랑한다.

필사: _____

예를 잃으면 관계는 무너진다.

필사: _____

군자는 조화로우나 같지 않고, 소인은 같으나 조화롭지 않다.

필사: _____

―――― 질문과 기록 ――――

오늘 내가 보여준 '어진 마음'은 무엇이 있었나요?

마르틴 하이데거

마르틴 하이데거는 20세기 독일의 대표적 실존 철학자이자 현상학의 계승자이다. 대표 저서 『존재와 시간』을 통해 그는 인간 존재의 본질을 '존재' 그 자체로부터 물어야 한다고 주장했다. 그는 인간을 '현존재(Dasein)'라고 부르며, 인간은 세계 속에 던져진 존재이자 죽음을 자각함으로써 진정한 삶을 살아갈 수 있다고 보았다. 하이데거는 언어, 시간, 죽음, 타인과의 관계 등 삶의 가장 근원적인 문제들을 철학의 중심으로 끌어올렸다. 그의 사상은 존재론, 문학, 심리학, 교육철학 등 다양한 분야에 깊은 영향을 끼쳤다.

"언어는 존재의 집이다."

마르틴 하이데거는 언어를 단지 소통의 도구로 보지 않았다. 그는 언어를 존재 그 자체를 담고 있는 '집'이라고 했다. 우리가 어떤 단어로 세상을 부르느냐에 따라, 그 세계는 전혀 다르게 다가온다며, 말은 세계를 구성하고, 존재를 드러내는 방식이라고 했다.

어떤 사람은 늘 "피곤해, 힘들어, 짜증 나"라는 부정적 어휘를 입에 달고 산다. 반대로 어떤 사람은 같은 하루를 살아도 "고마워, 다행이야, 괜찮아"라며 긍정적으로 말한다. 그건 하루가 다르고 상황이 달라서가 아니다. 사용하는 언어가 다르고, 바라보는 세계가 다른 것이다. 이처럼 우리가 쓰는 말은 단지 마음의 표현이 아니라, 그 말속에 이미 우리의 세계관이 담긴다.

말하지 않으면 마음은 머물 수 없다. "사랑한다"는 말을 하지 않으면, 사랑이라는 감정은 오해 속에 무너지기도 하고, "미안하다"는 말을 놓치면, 회복의 기회도 함께 사라진다. 말은 타인과의 관계뿐 아니라 나 자신과의 관계도 바꾼다. 내가 어떤 언어로 나를 설명하느냐에 따라 스스로의 삶도 변한다. "나는 부족해"라는 말은 나를 움츠러들게 하고, "나는 해낼 수 있어"라는 말은 내 존재를 앞으로 이끈다.

하이데거는 우리가 '말을 하는 존재'이기 이전에, '언어 속에 사는 존재'라고 말했다. 말은 우리가 걸어 들어가는 집이자, 우리가 머무는 삶의 구조물이다. 많은 순간, 말은 우리를 만들고, 또 우리를 허물기도 한다.

지금 당신은 어떤 언어 속에서 살아가고 있는가? 어떤 말이 당신의 마음을 만들고, 어떤 말이 당신의 하루를 구성하고 있는가?

하이데거는 말한다. 존재는 말 안에 머문다고. 그러니 말 하나, 표현 하나를 가볍게 여기지 말라고. 당신이 자주 말하는 단어가 당신의 세계를 만들고 있다. 그리고 결국, 그 세계가 곧 당신이 살고 있는 삶이다.

"죽음을 자각하는 순간, 진짜 삶이 시작된다."

하이데거는 인간 존재의 본질을 '죽음을 향해 가는 존재'라 정의했다. 그는 죽음을 두려움으로 피하려 하지 말고, 오히려 그것을 명확하게 자각할 때 비로소 진짜 삶이 시작된다고 말했다. 즉, 죽음은 삶의 끝이 아니라, 삶을 더욱 명료하게 해주는 거울이라는 것이다.

많은 사람들이 인생을 살지만, 평소에는 '언젠가는 죽는다'는 사실을 망각하고 산다. 바쁜 일상 속에서 죽음은 멀리 있는 것처럼 느껴지고, 당연하게 주어진 내일이 계속될 것이라 믿는다. 하지만 사랑하는 사람의 장례식장에 앉아 있을 때, 병원 진료실에서 불안한 결과를 기다릴 때, 문득 들려오는 갑작스러운 사고 소식 앞에서, 우리의 삶이 얼마나 유한하고 가벼운지 절감하게 된다.

그 순간 "자신이 정말 원하는 삶은 무엇이었는지", "나는 지금 어디를 향해 살고 있는지" 질문이 찾아온다. 하이데거는 이 물음을 진지하게 던지는 존재가 '존재에 깨어 있는 자'라고 말했다. 그 질문은 단순한 고민이 아니라, 인생을 자기 손에 다시 쥐는 선택인 것이다.

죽음을 인식한다는 건 단순히 '언젠가 끝날 운명'을 받아들이는 일이 아니다. 그것은 '지금 이 삶을 어떻게 살아갈 것인가'에 대한 응답을 요구하는 일이다. 삶의 끝이 있기에 오늘 하루가 유일해지고, 언젠가 이별이 오기에 오늘의 관계가 더 깊어진다.

어쩌면 진짜 불행은 죽음이 아니라, 죽음을 의식하지 않고 사는 삶일지도 모른다. 매일이 이어질 거라 믿고 소중한 것을 미루고, 진짜 하고 싶은 일을 외면하는 그 삶 말이다.

하이데거는 그런 우리에게 묻는다. 만약 당신의 삶이 오늘이 마지막이라면 지금처럼 살 수 있는가? 그 질문이 무겁게 느껴진다면, 아직 삶은 당신에게 깨어 있으라고 말하고 있는 것이다.

그러니 죽음을 직면하라. 그 안에 삶의 빛이 있다. 그것이야말로 진짜 삶으로 들어가는 가장 정직한 문이다.

"타인은 나를 드러내는 거울이다."

마르틴 하이데거는 인간 존재를 결코 고립된 개체로 보지 않았다. 그는 인간이란 타인과의 관계 속에서만 온전히 드러나는 존재라고 했다. 우리는 혼자 있을 땐 '나'를 명확히 인식하지 못하고, 타인의 눈과 반응을 통해 비로소 자신을 자각하게 된다.

우리는 늘 다른 사람과의 관계 속에서 나를 발견한다. 친구의 칭찬을 통해 나의 따뜻함을 알게 되고, 연인의 지적을 통해 나의 아집을 처음 마주한다. 누군가와 가까워질수록, 그 사람의 말과 표정, 그리고 반응은 내 안을 비추는 거울이 된다. 그 거울이 때로 나를 아름답게 비추기도 하고, 때로는 내가 외면하고 싶었던 모습을 드러내기도 한다.

혼자 있을 땐 내가 어떤 사람인지 알기 어렵다. 고요한 방 안에서 나의 '존재'는 잠시 멈춰 있다가, 타인과 마주치는 순간부터 현존하기 시작한다. 시작한다. 어떤 사람은 내 안의 여유를 끌어내고, 또 어떤 사람은 내가 감추고 있던 불안을 드러낸다. 그렇게 관계 속에서 나는 조용히 다시 쓰이고, 매 순간 새롭게 재구성된다.

하이데거는 타인을 단순히 나와 '함께 있는 사람'이 아니라, '내 존재를 비추는 거울'이라 표현했다. 그는 타자와의 관계가 불편하고 어려울지라도, 그 안에서만 진짜 자각이 일어난다고 말한다. 혼자만의 명상보다 타인의 시선 속에서 느끼는 미묘한 불편함이 오히려 나를 더 깊이 있게 만들어준다는 것이다.

어쩌면 우리는 늘 타인의 눈을 통해 '내가 어떤 사람인지'를 배우고 있는 중인지도 모른다. 그래서 타인을 두려워할 필요 없다. 다른 사람은 당신의 적이 아니라, 당신을 깨우는 존재이기 때문이다. 타인이라는 거울 속에서 나를 발견할 때 비로소 나는 나다워진다.

오늘 당신이 관계를 맺고 있는 사람은 누구인가. 그 사람은 당신 안의 어떤 면을 비추고 있는가. 당신을 더 단단하게 만드는 관계인가, 아니면 당신을 흐리게 만드는 거울인가. 내 주변이 곧 내 모습일 수 있다는 사실을 잊지 말자.

만약 내가 만나는 사람이 자꾸만 불편한 행동을 한다면, 그 사람을 탓하기 전에 내 안에도 그런 모습이 있는지 먼저 돌아보아야 한다. 그리고 내 안에 그런 모습이 보인다면, 누군가에게 상처 주기 전에 얼른 태도를 바꾸는 것이 필요하다.

그렇게 타인을 통해 나를 성찰하고 성장시킨다면, 당신은 누굴 만나든, 어디서든 괜찮은 사람으로 기억될 것이고, 말없이도 신뢰와 경의를 받을 것이다.

명언 필사

언어는 존재의 집이다.

필사:

죽음을 자각하는 순간, 진짜 삶이 시작된다.

필사:

타인은 나를 드러내는 거울이다.

필사:

──────── 질문과 기록 ────────

최근 관계를 통해 나 자신을 더 깊이 돌아본 경험이 있나요?

3장

삶의 태도를 말하는 철학
: 고통, 운명, 자유, 죽음에 대한 응답

프리드리히 니체

　프리드리히 니체는 독일의 철학자이자 문헌학자였다. 그는 기존의 도덕과 종교에 의문을 제기하며 인간 스스로가 삶의 의미를 찾아야 한다고 주장했다. 약하고 고정된 질서보다는, 끊임없이 변화하고 도전하는 삶을 강조했다. 건강 악화와 정신병으로 생애 후반을 고통 속에 보냈지만, 그의 사상은 이후 실존주의, 포스트모더니즘, 심리학 등 많은 분야에 큰 영향을 미쳤다. 니체는 '신은 죽었다'라는 선언과 함께 인간 내면의 자유를 외쳤고, 그 외침은 지금도 많은 이들에게 삶의 용기를 준다.

"왜 사는지를 아는 사람은 어떤 삶도 견딜 수 있다."

프리드리히 니체는 인간이 고통에 무너지는 이유는 고통 자체 때문이 아니라, 그 고통이 '왜 찾아왔는지'를 모를 때라고 말했다. 진짜 절망은 고통이 아니라, 그 고통에 의미가 없다고 느껴질 때 생긴다는 것이다.

우리는 모두 삶에서 크고 작은 시련을 겪는다. 반복되는 일상에 지치고, 예기치 않은 상실을 경험하며, 타인으로부터 이해받지 못한다고 느낄 때가 있다. 그 순간 가장 먼저 상실되는 것은 '힘'이 아니라 '방향'이다. 삶의 이유가 흐려지면, 하루를 버티는 일조차 무의미하게 느껴진다.

하지만 니체는 말한다. "왜 살아야 하는지 아는 사람은 어떤 고통도 견딜 수 있다." 그 말은 니체가 단순히 위로를 전하는 말이 아니다. 삶은 힘든 것이고, 그 힘듦을 견디게 해주는 건 오직 '의미'라는 것을 정면으로 마주하라는 말이다.

사랑하는 가족이 있어 오늘을 버티는 사람, 이루지 못한 꿈을 포기하지 않고 도전하는 사람. 그들은 '왜'에 대한 응답을 가진 사람이다.

어떤 어머니는 매일 새벽같이 일어나 버스를 타고 먼 길을 가서 시장에서 장을 본다. 그리고 다시 집으로 돌아와 가족들의 아침 식사를 차린다. 어머니가 지친 몸으로도 가족의 밥상을 책임지는 이유는 단

하나이다. 내가 사랑하는 이들을 위해 살아가는 것이다.

한 청년은 연거푸 낙방한 시험 앞에서 또다시 책을 펼친다. 꿈을 포기하지 못하는 이유는, 언젠가 자신이 그 자리에 서 있을 모습을 그리며 불굴의 도전정신을 품고 있기 때문이다.

반대로, 아무 이유 없이 흘러가는 대로 살아가는 삶은 작은 시련에도 쉽게 흔들린다. 매일 직장을 다니지만 왜 일하는지 모르고, 관계를 맺지만 왜 곁에 있는지 모른 채 살아간다면, 삶은 하루하루 무너지는 모래성처럼 공허해진다.

니체는 삶의 의미를 '발견하는 것'이 아니라 '부여하는 것'이라고 했다. 그 누구도 나 대신 내 삶의 이유를 만들어주지 않는다. 사랑, 책임, 꿈, 신념. 그 어떤 것이든 나 스스로 선택한 '왜'가 있을 때, 인간은 무너지지 않는다.

지금 당신은 무엇을 위해 살고 있는가. 그 이유는 분명해야 한다. 누군가를 지키기 위해서든, 스스로를 증명하기 위해서든, 그 동기는 당신의 삶을 견디게 해줄, 흔들리지 않는 기둥이 될 것이다.

세상이 흔들려도, 그 기둥만은 굳건히 붙잡고 있어야 한다. 그것이 니체가 말한, 고통을 이기는 인간의 방식이다. 왜 살아가는지 아는 사람은, 어떤 삶도 끝내 자기 삶으로 만들어낼 수 있고 험난한 세상을 이기며 잘 살아갈 수 있다.

"네 운명을 사랑하라."

프리드리히 니체는 이 말을 '운명애(Amor Fati)'라고 불렀다. 말 그대로 해석하면 '운명을 사랑하라'는 뜻이지만, 그 안에는 단순한 체념이 아닌, 매우 적극적이고 깊은 수용의 철학이 담겨 있다.

니체는 말한다. 이미 일어난 일이라면, 그것이 좋든 나쁘든 사랑하라. 어차피 피할 수 없다면 참고 견디는 게 아니라, 그 경험을 내 삶의 일부로 껴안고, 더 나아가 그것을 발판 삼아 더 단단한 삶을 살아가라는 말이다.

원하지 않던 결과를 마주했을 때, 우리는 보통 좌절하거나 분노한다. 원하는 대학에 떨어졌을 때, 사랑하는 사람과 이별했을 때, 노력한 만큼 결과가 따라오지 않았을 때. 그 순간 우리는 "왜 하필 나에게 이런 일이 일어난 걸까?"라며 우울과 상실에 빠진다.

그러나 니체는 그 물음보다 더 중요한 건 태도라고 강조했다. 이 일이 내게 주어졌다면, 지금은 이해되지 않더라도 이 안에 내가 있어야 할 이유가 있고, 미래의 나를 만들기 위해 반드시 지나야 할 한 장면이자 통과의례일지도 모른다는 뜻이다.

누군가는 큰 질병을 겪고 나서 삶의 소중함을 깨닫고, 이전과 전혀 다른 삶을 살아가게 된다. 누군가는 이별을 통해 자신을 재성찰하고,

어떤 사람은 실패를 통해 자신이 진짜로 원하는 것을 깨닫는다.

운명애는 이런 삶의 불가피함을 미워하지 않고, 오히려 더 사랑하라는 말이다. 내가 선택할 수 없는 것도 결국 내 삶의 일부이며, 그 안에 나의 가능성이 숨어 있다는 것을 수용하는 태도이다.

니체는 고통을 '피해야 할 적'이 아니라 '성장에 필요한 스승'처럼 여겼다. 삶은 언제나 완벽할 수 없다. 하지만 그 불완전함까지도 사랑할 수 있다면, 우리는 삶에 끌려다니는 존재가 아니라, 삶을 끌고 가는 능동적 존재가 될 수 있다.

오늘 당신 앞에 어떤 현실이 놓여 있는가. 그것은 당신이 바라던 모습이 아닐 수도 있다. 그러나 지금 그 현실을 끌어안는 순간, 그 모든 굴곡과 아픔조차 삶의 한 문장으로 아름답게 편집되기 시작할 것이다.

사랑할 수 없는 일을, 사랑하라. 그때부터 인생은 내 편이 된다. 운명을 탓하지 않고, 운명에 응답하는 사람. 그 사람이 진짜 강인한 사람이다.

"괴물과 싸우는 사람은 자신도 괴물이 되지 않도록 조심해야 한다."

프리드리히 니체는 이 말로, 인간의 도덕적 경계가 얼마나 쉽게 흐려질 수 있는지를 날카롭게 짚어냈다. 우리는 종종 누군가의 과오나 부조리한 현실을 마주할 때, 이를 바로잡고자 분노한다. 그러나 때로는 그 분노가 나를 휘감고, 내가 혐오하던 존재와 닮아가게 만든다.

나쁜 것에 저항하다가, 나도 모르게 나쁜 방식으로 싸우게 되는 것. 그게 바로 '괴물과 싸우다 괴물이 되는' 가장 흔한 현상이다.

군대에서 부조리를 당하며 많이 고통받은 사람은, 자신은 나중에 후임이 들어오면 절대 그러지 않겠다고 다짐하지만, 어느새 후임에게 똑같은 말투와 태도로 부조리를 가하고, 어릴 적 가정에서 억압당하며 자란 이는, 훗날 가정을 꾸려 자식에게 똑같은 통제와 억압을 그대로 반복하는 것. 정의로운 분노로 시작했지만, 어느 순간부터는 그 분노가 목적이 되는 것이, 니체가 말한 모습이다.

그래서 니체는 묻는다. "현재 당신은 무엇과 싸우고 있고, 당신은 어떤 존재가 되어가고 있는가?"

악을 없애려다가 악의 방식에 물드는 건 아닌지, 이념을 지키려다가 사람을 잃고 있진 않은지, 승리를 원하다가 존엄을 놓치진 않는지, 이 모든 것은 싸움의 명분은 있었으나, 싸움의 방식이 틀렸다는 신호이다.

그렇기에 니체는 싸우되, 끝까지 '자기 자신'으로 남아야 한다고 강조했다. 내가 지키려는 것이 정의라면, 그 정의를 지키는 방법도 정의로워야 한다. 폭력에 맞서 싸울 때조차, 내 마음이 폭력적이 되지 않도록 스스로를 돌봐야 한다.

이 명언은 단지 전쟁이나 거창한 투쟁에만 국한된 말이 아니다. 친구와의 다툼, 연인과의 불화, 사회 속 불의에 맞서는 수많은 장면 속에서도 우리는 늘 옳은 선택을 해야 한다.

당신은 지금 어떤 방식으로 싸우고 있는가? 싸움이 나를 망치게 둘 것인가, 아니면 그 안에서도 나다움을 지켜낼 것인가. 진짜 강한 사람은, 싸움에서 이기는 사람이 아니라, 싸우면서도 자신을 수호하는 사람이다.

마지막으로 니체는 우리에게 다시 한번 묻는다. 당신은 지금 무엇과 맞서고 있는가. 그리고 그 싸움 속에서, 여전히 당신은 당신으로 살아가고 있는가.

"나를 죽이지 못하는 고통은 나를 더 강하게 만든다."

프리드리히 니체는 고통을 피하지 않고 '견뎌냄'으로써 더 많은 성장을 한다고 보았다. 상처는 인간을 무너뜨리기도 하지만, 상처를 제대로 직면할 때 인간은 더 성숙해진다.

우리는 살아가며 각자의 방식으로 고통을 겪는다. 사랑하는 사람과의 이별, 믿었던 사람의 배신, 예상치 못한 실패, 혹은 반복되는 일상으로 삶이 지루하고 무기력하고 외로운 날들. 그런 시간들은 때로는 삶을 잠식하는 것처럼 느껴지기도 한다.

하지만 시간이 흘러 돌아보면, 그런 고통의 시간이 오히려 내 인생의 방향을 바꿔주었고, 내면의 힘을 이끈 순간이었다는 걸 발견할 때가 있다.

시험에 떨어지고 좌절한 어느 청춘은, 그 실패 덕분에 전혀 다른 새로운 삶을 발견하기도 하고, 인간관계로 깊은 상처를 받고 무너졌던 누군가는, 그 아픔을 글로 쓰며 누군가의 마음을 위로하는 사람이 되기도 한다. 이처럼 힘든 시련과 붕괴를 겪은 사람은 그 고요한 시간 속에서 비로소 '고독을 견디는 힘'을 배워간다.

그래서 니체는 고통이 당신을 파괴하지 않았다면, 당신은 분명 그 고통 이전보다 더 강한 존재가 되어 있을 거라고 말한다.

이 말은 '고통을 찬양하라'는 말이 아니라, 지금 겪고 있는 아픔이 전부가 아니라는 사실을 잊지 말라는 뜻이다. 고통은 나를 시험하는 것이 아니라, 나를 완성시키는 재료일 수 있다는 가능성. 그 가능성을 끝까지 놓지 않을 때, 인간은 더 강인해진다.

고통을 극복한 사람은 잘 알겠지만, 힘든 고통은, 내 안에 잠들어 있던 용기를 흔들어 깨운다. 고통을 통해 무너지지 않는 법을 배우고 성장하는 사람은, 더 높은 곳으로 도약할 수 있다.

그러니 현재 겪고 있는 일이 너무 힘들고, 도저히 이유조차 모를 고통일지라도 그 시간이 반드시 의미가 있는 것임을 믿어야 한다. 그 믿음 하나가, 당신을 끝까지 지탱하게 해줄 것이다.

오늘의 아픔과 상처를 부끄러워하지 마라. 아직 끝나지 않은 고통의 시간 속에서도 당신은 여전히 살아 있고, 그 자체로 강해지고 있다.

지금 당신을 죽이지 못한 고통은, 분명 당신을 더 그릇이 큰 사람으로 빚고 있을 것이다. 그 시간이 끝난 뒤, 당신은 그 어느 때보다 견고하고 확고한 자아와 마주하게 될 것이다.

명언 필사

왜 사는지를 아는 사람은 어떤 삶도 견딜 수 있다.

필사: _____

네 운명을 사랑하라.

필사: _____

괴물과 싸우는 사람은 자신도 괴물이 되지 않도록 조심해야 한다.

필사: _____

나를 죽이지 못하는 고통은 나를 더 강하게 만든다.

필사: _____

── 질문과 기록 ──

최근 당신이 겪은 고통은 무엇이며 그걸 통해 무엇을 배웠나요?

마르쿠스 아우렐리우스

　마르쿠스 아우렐리우스는 로마 제국의 황제이자 대표적인 스토아 철학자였다. 그는 제국의 혼란과 전쟁 속에서도 철학적 성찰을 멈추지 않았다. 권력을 가졌지만 자만하지 않았고, 오히려 내면의 평정을 추구하며 '명상록'을 남겼다. 이 책은 그가 자신에게 쓴 조용한 독백으로, 삶의 태도와 마음의 평화를 담고 있다. 아우렐리우스는 '외부는 바꿀 수 없지만, 나의 생각은 다스릴 수 있다'고 믿었다. 그 사상은 지금도 혼란한 세상을 살아가는 이들에게 위로와 지혜가 된다.

"내게 영향을 미치는 것은 사건이 아니라, 그에 대한 나의 판단이다."

마르쿠스 아우렐리우스는 외부의 사건보다 그 사건을 바라보는 내 마음의 해석이야말로 삶을 좌우한다고 말했다. 인생은 늘 뜻대로 흘러가지 않는다. 원치 않는 일이 벌어지고, 감당하지 못할 현실이 눈앞에 놓이기도 한다. 그러나 그는 말한다. 문제는 그 일이 아니라, 그 일을 받아들이는 '방식'에 있다.

인생을 살다 보면 종종 예기치 못한 순간은 늘 찾아온다. 아침부터 쏟아진 비로 계획이 엉키고, 회사에서 준비한 일이 무산되며, 누군가의 무심한 말 하나로 마음이 흔들리기도 한다. 하지만 어떤 사람은 그런 하루 앞에서도 묵묵히 중심을 지키고, 어떤 이는 작은 일에도 한없이 무너진다. 차이는 사건이 아니라, 사건을 해석하는 시선에 있기 때문이다.

버스를 타고 가다가 길이 막혀 멈췄을 때 누군가는 시간 낭비라고 화를 내며, 누군가는 그 시간에 조용히 책 한 권을 꺼내 글을 읽거나, 바빠서 평소에는 할 수 없었던 사색을 통해 삶을 되돌아본다. 똑같은 상황이지만 전혀 다른 하루를 보낼 수 있는 건 그걸 대하고 바라보는 사람의 해석 때문이다.

누군가 자신을 비난했을 때, 그 말에 휘둘려 자존감을 잃을 수도 있고, 반대로 '그건 그 사람의 시선일 뿐'이라 여기며 대수롭지 않게 넘길 수도 있다. 그렇게 어떠한 상황이 와도 태도를 선택할 수 있는 사람만이 감정의 노예가 되지 않는다.

아우렐리우스는 "외부는 바꿀 수 없지만, 내부는 항상 내가 결정할 수 있다"라고 했다. 불행을 줄이기 위해 필요한 것은 삶의 조건이 아니라, 삶을 받아들이는 내면의 힘이라는 것이다.

한번 삶을 돌아보자. 지금 겪고 있는 일이 너무 힘들게 느껴진다면, 그 감정의 뿌리는 그 사건 자체가 아니라 그 사건을 바라보는 당신의 관점일 수 있다.

그 누구도 당신의 마음을 흔들 수 없다. 오직 나만이 나를 동요시킬 수 있다. 그렇기에 삶을 지키는 첫걸음은 태도의 자유를 되찾는 것에서 시작된다. 그리고 그 판단은 지금 이 순간부터 다시 선택할 수 있다.

"내 마음속에 있는 것이 네 삶을 결정한다."

아우렐리우스는 인간의 삶이 바깥에서 결정되는 것이 아니라, 내면의 생각에서 비롯된다고 말했다. 세상이 고통스러운 게 아니라, 그 고통을 받아들이는 우리의 '생각'이 고통의 모양을 만든다는 것이다. 결국 인생은 일어나는 일이 아니라, 그것을 바라보는 시선에서 결정된다는 철학이다.

아침에 눈을 떴을 때, "오늘도 버거운 하루가 되겠지"라고 생각하면 그날 모든 순간이 무겁게 다가오고, "오늘은 어떤 일이 일어날까"라고 희망을 갖는다면 똑같은 하루도 기대와 호기심으로 빛나기 시작한다.

이처럼 아우렐리우스는 환경이 아니라 생각이 성격이 되고, 삶의 태도를 만들며, 결국 우리가 어떤 사람인지를 결정한다고 보았다. 마음속에 반복되는 생각은 결국 행동이 되고, 행동은 습관이 되며, 습관은 우리의 삶을 이끄는 나침반이 된다.

하루에도 수십 번, 우리는 선택한다. 불평할 것인지, 받아들일 것인지. 비난할 것인지, 이해할 것인지. 포기할 것인지, 다시 시작할 것인지. 그리고 그 모든 선택은 '지금 내가 어떤 생각을 품고 있는가.'란 단 하나의 생각에서 시작된다.

어떤 사람은 같은 실패를 마주해도, "역시 난 안 돼"라고 단정하고 무너지고, 또 다른 사람은 "이번엔 이걸 배웠어"라며 다시 걸어간다. 삶은 그렇게 생각 하나 차이로 갈라진다.

아우렐리우스는 말했다. "외부를 바꾸려고 하지 말고, 그걸 받아들이는 생각부터 바꿔라." 고통은 피할 수 없어도, 생각은 선택할 수 있다.

삶이 버겁다고 느껴질 때, 당신을 지치게 하는 건 어쩌면 삶이 아니라 그 삶을 바라보는 당신의 관념일지도 모른다.

오늘 하루, 내 안에 어떤 생각이 맴돌고 있었는가. 그 생각은 나를 지탱하고 있었는가, 아니면 무너뜨리고 있었는가.

삶의 질은 상황이 아니라 생각이 만든다. 생각이 곧 나다. 그러니 오늘도 가장 먼저, 내 마음을 먼저 살피자. 내 생각을 맑게 가꿀 수 있다면, 삶의 풍경도 달라지기 시작할 것이다.

"자연이 너에게 준 모든 것은, 너에게 필요한 것이다."

마르쿠스 아우렐리우스는 세상에서 일어나는 모든 일이 '필연'이라 보았다. 우연처럼 보이는 만남도, 받아들이기 어려운 사건도 모두 우리 삶에 꼭 필요한 조각이라는 것이다. 그는 우리가 겪는 고통, 실패, 예기치 못한 전환조차 '자연의 일부'이며, 그것은 결국 '나에게 필요한 것'이라고 말했다.

살다가 어려움을 만날 때 "왜 하필 나에게 이런 일이 생겼을까?" 라는 질문에 슬픔이 찾아올 때가 있다. 하지만 아우렐리우스는 슬픔에 잠기기보단 "이 일이 내게 어떤 의미를 주고 있는 걸까?" 곰곰이 생각하라고 조언한다.

우리는 대개 원치 않는 일을 거부하려 한다. 합격하리라 믿었던 회사에 떨어졌을 때, 오랫동안 함께한 사람과 예상치 못한 이별을 겪었을 때, 사업이 실패하고 계획한 일이 무산되었을 때, 그런 일들을 만나면, 그 순간엔 모든 것이 무너진 듯하다. 그러나 한참이 지나 돌아보면, 그 일은 내가 살아가는데 꼭 필요했던 순간임을 발견하기도 한다.

그렇게 때로는 실패가 방향을 전환시키고, 이별이 더 나은 사람을 만들고, 질병이 삶을 다시금 사랑하게 만들기도 한다. 자연이 우리에게 보내는 일은 거절의 형태로 다가오기도 하고, 기회의 얼굴을 하고 있지만 그 안에 시련이 담기기도 한다. 그러나 어떤 형태든 그것은 내게 '주어진 것'이지 '빼앗긴 것'이 아니다.

아우렐리우스는 삶은 언제나 정확하다고 말했다. 우리가 원하지 않아도, 지금 우리에게 이런 일이 일어난 건 꼭 필요하기 때문이라는 것이다.

그러니 우리는 그 시련을 기꺼이 받아들이는 자세가 필요하다. 받아들임은 무기력이 아니다. 모든 일을 그냥 견디는 것도 아니다. 진짜 받아들임은, 지금의 현실을 발판 삼아 더 나은 삶을 만들어가려는 의지이다.

지금 당신 앞에 놓인 현실이 마음에 들지 않더라도, 그건 우연이 아니라 '당신에게 꼭 필요한 것'일 수 있다. 그러니 피하지 말고, 밀어내지 말고, 이것마저도 삶의 일부로 끌어안고 살자. 삶이 내 편이 되는 순간은, 상황이 변해서가 아니라 내가 그 상황 속에서 의미를 발견할 때이다.

"결국, 모든 것은 지나간다."

마르쿠스 아우렐리우스는 삶이란 영원을 붙잡는 것이 아니라, 흘러가는 것을 받아들이는 일이라고 말했다. 그는 로마 제국의 황제였지만, 매일 전쟁의 공포와 배신, 죽음의 그림자에 둘러싸여 있었다. 그러나 그런 혼란 속에서도 마음을 지키기 위해 하나의 통찰을 붙들었다.

많이 들어봤을 법한 아우렐리우스의 이 명언은 단순한 위로나 체념이 아니다. 그것은 현실을 있는 그대로 받아들이는 '강한 수용'의 태도이다. 시련과 고통을 겪다 보면 모든 게 무너지는 것 같은 날이 있다. 그리고 그때만큼은 이 고통은 영원할 것처럼 느껴진다. 하지만 시간이 흐르면, 고통도 점점 무뎌지고 어느새 무너짐도 자연스레 풍화된다.

누구나 한 번쯤은 간절히 원하던 걸 이루지 못해 깊은 상실감에 빠진 적이 있을 것이다. 그 일을 겪고 나면 한동안 괴로움에 잠을 이루지 못하지만, 시간이 지나면 그 일이 삶의 방향을 바꿔준 시작이었다는 걸 알게 되기도 한다.

또 살다 보면 친했던 관계에서 상처받고, 관계 하나에 모든 자존감을 잃기도 하지만, 그러한 일들이 훗날 아픔을 이겨내고 자신을 더 단단하게 만든다.

그래서 아우렐리우스는 이 무게도 언젠가 가벼워질 것이고, 고통에도 끝은 있으니 너무 불안해하거나 염려하지 말라고 메시지를 던지는 것이다.

그렇다고 해서, 모든 걸 무심하게 흘려보내라는 건 아니다. 그는 삶을 진심으로 살아가되, 모든 것이 영원하지 않다는 걸 잊지 말라고 했다. 기쁨에 도취하지 말고, 슬픔에 짓눌리지도 말고, 그저 지금에 온 마음을 담되, 그 순간조차 영원히 머물 수 없음을 알고 있으라는 것이다.

세상은 늘 빠르게 움직이고 변화된다. 하늘의 구름도 끊임없이 흘러가고, 거센 파도도 밀려왔다가 다시 서서히 물러간다. 그리고 당신이 느끼고 있는 이 감정도, 결국 조금씩 지나가게 되어 있다.

그러니 오늘의 괴로움에 짓눌리지 말고, 내일을 걱정하며 오늘을 잃어버리지도 말자. 견디는 일이 아니라, 흐르는 것을 지켜보며 더 나은 나로 살아가자.

"결국, 모든 것은 지나간다." 지금 흘러가고 있는 구름처럼. 이 순간도, 언젠가 잔잔한 기억이 될 것이다.

명언 필사

내게 영향을 미치는 것은 사건이 아니라, 그에 대한 나의 판단이다.

필사: _____

네 마음속에 있는 것이 네 삶을 결정한다.

필사: _____

자연이 너에게 준 모든 것은, 너에게 필요한 것이다.

필사: _____

결국, 모든 것은 지나간다.

필사: _____

──── **질문과 기록** ────

오늘 내 하루를 결정지은 생각 하나는 무엇인가요?

키우스 안나이우스 세네카

세네카는 로마 시대의 정치가이자 문학가, 그리고 대표적인 스토아 철학자이다. 폭군 네로의 조언자였지만, 정치와 철학 사이에서 늘 갈등하며 살았다. 결국 권력의 비극 속에서 생을 마감했지만, 그는 죽기 직전까지도 삶의 본질에 대해 성찰했다. 세네카는 고통, 분노, 죽음 같은 인간의 근원적인 문제들을 정면으로 다뤘다. 그는 "삶은 짧지만, 우리는 더 짧게 산다"고 말하며 시간의 가치와 올바른 삶의 태도를 강조했다. 혼란 속에서도 꿋꿋하게 살아가는 사람들에게 세네카의 문장은 여전히 깊은 울림을 준다.

"삶은 짧지 않다. 우리가 낭비하고 있을 뿐이다."

세네카는 고대 로마의 철학자였지만, 지금 이 시대를 살아가는 사람들에게도 정확한 경고를 남겼다. 인생을 살면서 많은 이들이 늘 "시간이 없다", "인생이 너무 짧다"고 탄식하지만, 그는 삶은 결코 짧지 않다며, 다만 그 시간을 어떻게 쓰느냐에 따라 짧게 느껴질 뿐이라고 반박했다.

우리는 하루 종일 바쁘게 움직인다. 출근하느라 허둥대고, 수많은 메시지에 답하며, 끝없는 회의와 업무에 지친다. 그리고 피곤한 상태로 집으로 돌아와 습관처럼 스마트폰을 들여다보면 어느새 하루가 끝나 있다. 그렇게 하루를 살면서 '나'를 위한 시간은 과연 얼마나 있었을까.

그런 우리에게 세네카는 묻는다. "당신은 진짜 당신만의 삶을 살고 있는가, 아니면 그냥 흘러가는 대로 살아지고 있는가." 어떤 사람은 아침부터 밤까지 바쁘게 일하고 사람을 만나며 하루를 보낸다. 하지만 잠들기 전 남는 감정은 피로와 허무뿐이다. 왜 그럴까. 그 하루가 자신이 생각했을 때 '의미 있는 일'로 채워지지 않았기 때문이다.

반대로, 어떤 사람은 하루를 바쁘게 살아도, 본인이 생각했을 때 의미 있는 일로 가득 채워서 산다. 단 30분이라도 책을 읽고, 산책을 하고, 자연을 즐기면서 스스로를 돌보는 시간을 가진다. 비록 많은 일을 하지 않아도, 그 하루를 의미있게 살고 그것이 바로 삶의 질을 결정한다.

그래서 세네카는 시간은 부족한 게 아니라, 우리가 소중한 시간을 의미 없이 흘려보내는 것이라 말했다. 내 기분은 무시한 채 타인의 기대에 억지로 맞추고 일어나지도 않은 불필요한 걱정에 잠식되느라, 정작 나를 위한 삶은 놓친 채 계속해서 뒤로 밀린다는 것이다.

세네카는 "진짜로 삶을 사랑한다면, 삶을 위해 시간을 내야 한다."라고 말한다. 지금 이 글을 읽는 당신에게, 세네카의 조언은 어쩌면 인생의 큰 변화를 가져올 출발점이 될 것이다. 그러니 잠시 페이지를 멈추고 단 1분이라도 질문에 답하며 생각해 보자. "당신은 지금 내 인생의 주인으로 살아가고 있는가? 아니면 무언가에 쫓기듯 하루를 버티고 있는가?"

삶은 결코 짧지 않다. 그러나 그 시간이 짧게 느껴지는 건 어쩌면 현재 내가 시간을 낭비하고 있기 때문일 것이다. 그 진실을 인정하는 순간, 당신은 남은 시간을 이전과는 다르게 살아갈 수 있다.

지나간 과거를 바꿀 수는 없지만, 다가올 미래는 바꿀 수 있다. 시간을 낭비하지 않고 살고 싶다면, 지금 이 순간부터라도 '시간을 살아내는 사람'이 되자. 그렇게 온전히 자신이 원하는 삶으로 시간을 채워나갈 때 인생은 짧지 않고, 충분히 깊어질 것이며, 훗날 시간이 지나고 인생을 돌아봤을 때 후회 없이 잘 살았다 말할 수 있을 것이다.

"부는 지혜로운 사람의 노예이자 바보의 주인이다."

세네카는 부 자체가 선도 악도 아니라고 보았다. 문제는 그 부를 어떻게 다루느냐에 있다는 것이다. 지혜로운 사람은 부를 수단으로 삼지만, 어리석은 사람은 그것에 지배당한다. 부를 소유한 것 같지만, 실은 그 부가 삶을 소유해 버린다.

어떤 사람은 돈이 많아질수록 더 단순하게 산다. 필요한 만큼만 쓰고, 더 중요한 일에 마음을 둔다. 그는 부를 도구로 삼아 삶의 질을 높이고, 타인을 도울 수 있는 자리에 선다. 돈에 이끌려 가는 것이 아니라, 돈이 그 사람을 따르게 만드는 것이다.

반면 어떤 사람은 부를 이루고 축적할수록 마음은 점점 불안정해진다. 그 많은 돈을 잃을까 봐, 누가 알고 사기를 치거나 훔쳐 갈까 봐, 더 많이 가지려 하고, 돈을 지키기 위해 끊임없이 계산하며 그 부가 그의 감정을 쥐고 조종하게 만든다. 그렇게 결국 돈이 그 사람의 주인이 된다.

그것을 통찰한 세네카는 부가 있는 곳에 탐욕이 생기기 쉽고, 탐욕은 곧 인간을 왜곡시킨다고 했다. 실제로 본래는 자유롭던 사람도 재산이 늘어날수록 어느새 돈의 눈치를 보고, 자신을 잃고 돈에 예속되는 경우가 많다. 부를 좇다가 가정이 무너지고, 관계가 파괴되기도 한다.

부는 사람의 품격을 보여주지 않는다. 오히려 그 사람의 품격이 부를 어떻게 사용하는지를 보여줄 뿐이다. 소박함 속에서도 품위 있는 사람이 있는가 하면, 거대한 부를 가졌어도 조급하고 불안한 사람이 있다.

진정으로 부유한 사람은 돈을 많이 가진 사람이 아니라, 돈 없이도 자신을 잃지 않는 사람이다. 지금 당신은 부를 어떻게 대하고 있는가. 그 부는 당신을 자유롭게 하는가, 아니면 당신을 속박하는 족쇄인가.

부는 주인이 아니라 하인이다. 부 앞에서 당신이 중심을 잃지 않는다면, 부는 당신의 삶을 더 나은 방향으로 이끄는 좋은 수단이 될 것이다. 그러나 중심을 잃는 순간, 부는 당신의 삶을 집어삼키는 폭군이 될 것이다.

"얼마나 오래 살았느냐가 아니라, 얼마나 잘 살았느냐가 문제이다."

세네카는 이 명언을 통해 삶의 본질에 대해 물으며 삶의 가치는 '시간의 양'이 아니라 '내용의 깊이'에서 결정된다고 말한다. 많은 사람들은 오래 살고 싶다고 말하며 긴 인생을 꿈꾸지만, 세네카는 오래 사는 것보다, 사는 동안 잘 살았냐를 더 중요하게 보았다.

어떤 사람은 90년을 살아도 자신을 한 번도 돌아보지 못한 채 안타깝게 살다가 떠난다. 반면, 어떤 이는 짧은 인생을 살아도 그 안에 사랑과 열정, 용기와 배움을 다 담아낸다. 세네카가 말하는 '잘 산 삶'은 바로 후자이다. 길이는 우리가 결정할 수 없지만, 깊이는 우리가 선택할 수 있기 때문이다.

어떤 한 노인이 젊은 시절을 후회하며 말한다. "왜 그땐 그렇게 바쁘게만 살았을까. 왜 내 아내와 자식들의 손을 자주 잡아주지 못했고, 자주 안아주지 못했을까." 그는 분명 오래 살았지만, 지난날이 후회로 가득하다면 과연 잘 살았다고 말할 수 있을까.

반면, 병상에 누워있는 30살 청년이 "짧았지만, 사랑했고, 후회 없다."고 말한다면, 90살을 살아서 후회가 가득한 삶보다 "잘 산 인생"이라고 말할 수 있을 것이다.

이건 결코 남 일이 아니다. 우리는 모두 언젠가 삶의 끝에 선다. 그때 남는 것은 몇 살까지 살았는지가 아니라, 그동안 어떤 관계를 맺었는지, 무엇을 배우고 남겼는지, 그리고 무엇보다 나답게 살았는지이다.

지금도 많은 이들은 숫자로만 인생을 재고 있다. 몇 년 일했는지, 얼마를 모았는지, 얼마나 오래 남았는지. 그러나 세네카는 단호히 말한다. "그 모든 숫자보다 중요한 건, 지금 이 순간을 어떻게 살고 있느냐이다."

삶은 계속 흘러간다. 하지만 그 하루에 진심을 담는 사람은, 비록 짧더라도 '완성된 인생'을 살아갈 것이다.

마지막으로 묻고 싶다. 지금 당신의 삶은 '얼마나 오래'보다, '어떻게' 잘 살고 있을까? 시간을 세지 말고, 남은 시간을 깊이 있게 살아갈 방법을 하루라도 빨리 발견하고 계획을 세워야 한다. 그게 바로 세네카가 말한 진짜 '잘 사는 삶'이다.

명언 필사

삶은 짧지 않다. 우리가 낭비하고 있을 뿐이다.

필사: _____

부는 지혜로운 사람의 노예이자 바보의 주인이다.

필사: _____

얼마나 오래 살았느냐가 아니라, 얼마나 잘 살았느냐가 문제이다.

필사: _____

―――― 질문과 기록 ――――

하루를 '그냥' 살고 있나요,
아니면 '마음'을 다해서 살고 있나요?

에픽테토스

에픽테토스는 고대 로마 시대의 스토아 철학자이다. 그는 노예 출신으로, 자유인이 된 뒤 철학에 몰두했다. 에픽테토스는 '내가 통제할 수 있는 것과 통제할 수 없는 것을 구분하는 법'을 가르쳤다. 그는 철학을 삶에 적용하는 것을 중시했으며, 인간이 겪는 고통은 자신이 통제할 수 없는 것에 집착하기 때문이라고 봤다. 그의 가르침은 단순하지만 깊어서, 오늘날에도 많은 사람들에게 마음의 평화를 얻는 데 도움을 준다.

"통제할 수 있는 것과 없는 것을 구분하라."

에픽테토스는 인생의 많은 것을 자신의 힘으로 바꿀 수 없다는 사실을 아주 일찍 깨달았다. 상황, 마음, 자연 등 세상은 예측할 수 없는 방향으로 흘러가지만, 그 속에서도 한 가지 확실한 건 바로 오늘 나의 태도는 온전히 자신이 선택할 수 있다고 믿었다.

한번 생각해 보자. 비가 오는 건 바꿀 수 없지만, 그날의 기분은 선택할 수 있다. 누군가의 말투는 통제할 수 없지만, 내가 어떻게 반응할지는 결정할 수 있다.

직장에서 갑작스러운 해고통보를 받고 하루아침에 실업자가 된 사람도 마찬가지이다. 직장에서 해고된 건 어떻게 할 수 없지만, 그걸 받아들이는 건 자신의 몫이다. 직장을 잃었다는 상실감으로 아무것도 하지 않고 슬픔에 빠져 있으면 자신만 손해이다.

그러나 마음먹고 열심히 자기 계발을 하고 공부를 하면서 다시 일어설 준비를 하고 더 좋은 직장에 취직을 하거나, 좋은 사업을 하게 된다면, 오히려 해고된 일을 좋은 기회로 바꿀 수 있다. 이처럼 내 힘으로 막을 수 없는 것들은 많지만, 그걸 받아들이고 변화 이후의 삶은 온전히 내 몫이다.

반대로, 어떤 사람은 남의 말 한마디에 하루가 무너지고 누군가의 비난에 잠을 설친다. 그렇게 왜 그런지 이해되지 않는 일 앞에서 스스로를 끊임없이 탓하며 주저앉는다.

그래서 에픽테토스는 '통제할 수 없는 것'에 너무 많은 에너지를 쏟지 말라고 했다. 내가 바꿀 수 없는 것에 사로잡힐수록, 마음은 고통스럽고 나는 나로부터 멀어지기 때문이다.

지금 당신의 마음을 흔드는 것이 있다면, 스스로 물어보자. '이건 내가 바꿀 수 있는 일인가? 아니면, 내가 바꿀 수 없는 일에 매달리면서 스스로에게 상처 주는 건 아닐까?'

불안의 상당수는, 결코 내 손에 있지 않은 것들을 쥐려는 데서 시작된다. 그러니 오늘 하루를 돌아보며 생각을 정리해 보자. 지금 내게 일어난 일 중, 내가 통제할 수 있는 것은 무엇이고, 받아들여야 하는 것은 무엇인가. 그 단순한 구분 하나가, 당신의 삶을 지켜낼 것이다.

"당신이 누구인지는, 당신이 무엇에 집중하는가로 결정된다."

에픽테토스는 인간을 외부 조건이 아닌 '내면의 선택'으로 정의했다. 그는 삶의 혼란과 비교 속에서 방황하는 우리에게 이렇게 말했다.

"지금 당신의 시선이 머무는 곳이 곧 당신의 삶이다."

타인을 의식하며 사는 사람이라면, 자주 SNS를 들여다보며 남들이 가는 여행지, 남들이 입는 옷, 남들이 이루는 성취에 마음을 빼앗길 것이다. 그리고 그런 것을 누리지 못하는 자신을 보며 괜히 초라함을 느낀다. 하지만 사실 초라한 것은 현실이 아니라 다른 누군가와 비교하며 자신이 가지지 못한 것에 초점을 두기 때문이다.

반면, 어떤 사람은 똑같이 하루를 살아도 온전히 자신만의 하루를 누리며 만족하며 산다. 책 한 권을 읽으며 마음의 양식을 쌓고, 잠들기 전 감사 일기를 적으며 오늘 자신의 하루를 돌아본다. 그렇게 하루를 살아가며 점점 단단해진다. 왜일까? 정답은 매우 간단하다. 온전히 '자기 삶'에 집중하고 있기 때문이다.

에픽테토스는 인간의 본질을 물질이나 직업이 아니라 '집중의 방향'으로 설명했다.

우리가 어떤 생각에 머물고, 어떻게 시간을 쓰고, 어떤 감정을 품느냐에 따라 삶이 다채로워질 수도 있고 까맣게 칠해질 수도 있다는 것이다.

이 문장 안에서 지금도 에픽테토스는 말하고 있다. "당신이 무엇에 집중하느냐가 당신을 만든다." 그 말은 단지 사고방식을 바꾸라는 말이 아니라, 삶의 초점을 스스로 설정하라는 것이다.

집중은 곧 선택이다. 그 선택은 습관이 되고, 습관은 성격이 되고, 성격은 삶이 되고, 삶은 곧 운명이 된다.

지금 당신이 보는 것, 생각하는 것, 마음을 두고 있는 것, 시선이 머무는 곳에, 이미 당신의 삶이 흘러가고 있다.

그러니 잘 살고 싶다면, 당신이 갈망하고 원하는 곳으로 시선을 옮기길 바란다. 그러면 삶도 그 시선에 맞추어 조금씩 변화할 것이다.

"나를 위해 살지 않으면 남을 위해 살게 된다."

에픽테토스는 인간의 삶에서 가장 중요한 것은 자기 인생의 방향키를 스스로 쥐는 것이라고 말했다. 무엇을 하든, 누구와 함께하든, 타인의 기대와 시선에 휘둘리지 말고 삶의 중심을 나에게 두라는 것이다.

바쁘게 살다 보면 문득 이런 생각이 들 때가 있다. "이렇게 바쁘게 살아도 마음은 왜 이리 허전할까." 당신이 일이든 관계든 하루를 열심히 살아내고도 마음이 채워지지 않는다면, 그건 어쩌면 삶의 기준이 '나'가 아니라 '남'이었기 때문일지 모른다. 혹시 타인의 말 한마디에 하루 기분이 좌우되고, 누군가의 기대에 맞추느라 내가 진짜 원하는 건

늘 뒤로 밀리고 있진 않을까.

직장에서 야근을 밥 먹듯이 하는 사람은, 상사의 인정을 받고 싶다는 이유로 스스로를 계속 몰아붙인다. 그러나 그 행동이 결국 건강을 해치고, 삶에 대한 회의감만 깊어지게 만든다. 그는 자기를 위해 사는 것 같지만, 사실은 남의 칭찬이라는 외부 기준에 속박되어 살고 있는 것이다.

또 어떤 사람은 가족을 위해 모든 걸 헌신한다. 처음엔 사랑이었지만, 어느 순간부터는 자기 존재가 사라진 느낌에 우울해진다. 그게 오래 지속되다 보면 어느새 자신의 희생은 서글픔이 된다. 그건 자신을 위한 시간이 없었기 때문이다.

에픽테토스는 진짜 자유는 '스스로 선택한 삶'을 살아갈 때만 가능하다고 말한다. 남에게 휘둘리는 삶은 겉으로는 성실하고 바르지만 속은 비어 있고, 그 속의 공허함은 아무리 인정받아도 채워지지 않는다며, 인생을 남이 아닌 나를 위해 살라고 강조했다.

지금 당신은 누구를 위해 살고 있는가. 그 선택은 정말 내 마음에서 비롯된 걸까, 아니면 남의 기준에서 비롯된 걸까. 가끔은 나를 위해 이기적일 필요가 있다. 내가 나를 먼저 돌보지 않으면, 세상은 끝없이 내 시간을 요구하고, 나는 점점 소모되어 간다.

남을 위한 삶이 나쁜 것은 아니다. 하지만 나를 위한 삶이 없는 남을 위한 삶은, 결국 나도 남도 지치게 만든다. 그러니 이제까지 나를 위해 살지 않고 살아왔다면 오늘부터라도 "나를 위해 살자." 그렇게 스스로의 삶을 책임지고 살길 바란다.

인생은 단 한 번이고 그 누구도 대신 살아줄 수 없는 삶이기에, 내 선택은 온전히 내 손에 달려 있다.

마지막으로 에픽테토스가 당신에게 묻는다. 당신은 지금, 누구의 인생을 살고 있는가. 그리고 그 삶의 진짜 주인은 당신인가?

― **명언 필사** ―

통제할 수 있는 것과 없는 것을 구분하라.

필사: _____

당신이 누구인지는, 당신이 무엇에 집중하는가로 결정된다.

필사: _____

나를 위해 살지 않으면 남을 위해 살게 된다.

필사: _____

―― 질문과 기록 ――

**지금 당신은 무엇을 보고 있고
무엇을 생각하며 살고 있나요?**

알베르 카뮈

알베르 카뮈는 프랑스 출신의 소설가이자 철학자다. 그는 부조리한 세상 속에서 인간이 어떻게 의미를 찾고 살아가야 하는지에 대해 깊이 사유했다. 카뮈는 '부조리'를 인간과 세계의 근본적 충돌로 보면서도, 그 속에서 삶의 가치를 스스로 창조해야 한다고 주장했다. 그의 대표작 『이방인』과 『시지프 신화』는 인간 존재의 무의미와 저항을 다루며 현대인에게 강렬한 울림을 준다. 삶의 부조리 앞에서도, 그는 '반항하는 인간'의 존엄을 노래했다.

"삶에 대한 절망 없이는 삶에 대한 사랑도 없다."

알베르 카뮈는 진짜 삶은 고통을 모른 채 피상적으로 웃으며 사는 데 있는 게 아니라, 진짜 삶이란 절망의 끝자락에서 다시 일어서는 사랑이라고 믿었다.

모두가 인생이 어려움 없이 평탄하길 바라지만, 살다 보면 누구나 한 번쯤은 인생의 바닥을 마주하게 된다. 간절했던 사랑이 끝나고, 밤잠 설쳐가며 준비했던 일이 한순간에 무너지고, 그럴 땐 모든 게 무의미하게 느껴지고 절망이 찾아온다. 그리고 너무 힘든 나머지 "도대체 왜 살아야 할까?"라는 근원적 질문을 하게 된다.

어떻게 보면 그 질문이 너무 부정적이고 극단적일 수 있지만, 카뮈는 그 질문을 회피하지 말라고 했다. 절망 없는 삶은 얄팍하고, 진짜 삶은 어두운 골짜기를 지나야만 진짜 빛의 온도를 알게 되기 때문이다.

사업에 실패하고 빚을 떠안은 어떤 이는, 도망치고 싶던 시간을 지나 끝내 다시 일어선다. 그리고 그 사람은 누구보다 깊이 삶을 사랑하게 된다. 왜냐하면 그는 삶이 얼마나 무너질 수 있는지를 보았고, 그 무너짐 속에서도 포기하지 않고 한 걸음씩 걸어 나와 인생의 찬란한 빛을 마주했기 때문이다.

카뮈는 삶이란 희망만으로는 충분하지 않고, 절망을 껴안을 수 있어야 비로소 삶을 사랑할 수 있는 존재가 된다고 말한다.

혹시 당신이 지금 슬픔과 절망의 심연에 있진 않을까. 여러 일로 삶의 무게에 지쳐 있더라도, 너무 부정적으로만 생각하지 않았으면 한다. 그 무기력과 아픔이 언젠가 삶을 깊이 사랑하게 될 밑바탕이 될 것이다. 그 절망을 통해 당신이 발전할 수 있다면, 절망은 끝이 아니라, 인생의 깊이를 깨닫게 하는 터전이 되어 줄 것이다.

인생에 찾아오는 모든 고난과 시련은 우리를 무너뜨리려는 게 아니라, 더 굳건한 사람으로 단련하는 과정이다.

그러니 어려움 앞에서 무너지지 마라. 이 시간조차도, 반드시 당신에게 피와 살이 되어 당신을 더 멋진 존재로 만들어 갈 테니. 모든 절망은 지나가고, 사랑만 남을 것이다.

"행복해지려면 다른 사람들과 지나치게 관계하지 말아야 한다."

알베르 카뮈의 이 말은 자칫 잘못하면 오해할 수 있다. 카뮈는 인간이 고립되어야 한다고 주장한 것이 아니다. 그는 오히려 인간이 스스로를 지키기 위해 일정한 '거리'를 두어야 한다고 경고했다. 진짜 불행은 외로움에서 시작되는 것이 아니라, 자신을 잃은 관계에서부터 비롯된다고 믿었기 때문이다.

우리는 종종 좋은 사람이 되기 위해 마음 내키지 않아도 억지로 만남을 유지하고, 누군가에게 이해받기 위해 상대의 기분을 살피고 자신의 감정은 무시한 채 너무 많은 관계를 감당하며 산다.

그러다 보면 혼자 있을 때조차 자꾸만 불안해진다. 혹시 소외된 건 아닐까, 내가 너무 이기적인 건 아닐까. 하지만 그건 건강한 혼자가 아니라, 관계 중독의 신호이다.

어떤 사람은 하루 종일 타인의 말과 눈치를 곱씹느라 지친다. '왜 그런 말을 했을까?', '내가 뭘 잘못했나?' 그러나 상대는 이미 잊었을 말에, 나는 여전히 붙들려 있다. 타인의 말 한 줄이 내 하루를 무너뜨린다는 건, 내 삶의 중심이 이미 '남'에게 넘어갔다는 뜻이다.

카뮈는 말한다. 자신을 잃지 않으려면, 누구보다 자기 자신과 깊은 관계를 맺어야 한다고. 혼자 있는 시간은 외로움이 아니라, 자기 삶을 다듬는 시간이다. 세상이 시끄러울수록 조용히 물러나 자신을 정리할 줄 아는 사람. 그 사람이 결국 오래도록 평온한 사람이다.

행복은 많은 관계에서 오는 게 아니다. 오히려 너무 많은 소리, 감정, 기대 속에서 자신의 마음이 흐려지는 순간, 우리는 불행해진다.

그러니 기억하자. 좋은 관계는 아무나 많이 만나는 것에서 시작되는 게 아니라, 적더라도 '나를 소중히 대하고 아껴주는 사람들'과 맺어야 한다는 걸.

지금 당신이 만나는 사람들은 만날수록 당신을 편하게 하는가, 아니면 불안하게 만드는가? 그 질문에서부터 당신의 관계를 돌아보고 해답을 찾길 바란다.

"나는 반항한다. 고로 존재한다."

알베르 카뮈는 인간 존재의 핵심을 '반항'이라고 정의한다. 그에게 반항이란 단순히 거부하는 것이 아니라, 무언가에 맞서겠다는 선언이며, 자기 자신으로 살아가겠다는 강한 의지였다.

우리는 하루에도 몇 번씩 현실의 벽에 부딪힌다. 말도 안 되는 기준과 설명되지 않는 상실, 반복되는 모순 등 그때 단순히 수긍하고 따르는 것이 아니라, '왜?'라고 묻는 것, 그것이 반항이다.

한번 생각해 보자. 오늘날 사회는 정해진 길을 따라 좋은 대학에 가고, 좋은 직장에 취직하고, 좋은 사람을 만나 결혼해서 안정된 삶을 살길 바란다. 그러나 "그게 과연 진짜 행복일까?" 이 질문을 스스로 물을 수 있는 사람, 성공보다는 의미를 좇고, 편안함보다 진실을 선택하며 자기 삶의 진실을 모색하는 사람이 반항자들이다.

이러한 반항은 작은 집단에서도 똑같이 적용된다. 어떤 이는 모임에서 누군가 던진 무례한 농담에 웃지 않는다. 아무도 문제를 삼지 않았지만 그는 그 말에 불편함을 느끼고, 감정을 숨기지 않는다. 그렇게 '질서'에 반항하고 동시에 자기 존엄을 지켜내는 사람만이 실제 자신의 모습으로 존재한다는 것이다.

카뮈는 반항이란 거창한 투쟁이 아니라, 매일 삶 속에서 '나를 포기하지 않는 태도'라고 말했다. 타인의 기대에 맞춰 내 삶을 접는 대신, 내 목소리로 내 길을 걷겠다고 말하는 것. 그것이 존재의 선언이다.

세상은 우리에게 '순응'을 강요한다. 조용히 해라. 튀지 마라. 문제 일으키지 마라. 하지만 그렇게 살아가다 보면, 나는 사라지고 껍데기만 남는다.

그러나 카뮈는 "나는 반항한다. 고로 존재한다."라는 말은 단지 권력이나 사회를 향한 투쟁이 아니라, 내 안의 무력감, 체념, 허무주의에 맞서는 선언이라고 말한다. 살아 있다는 건, 매일 나를 지키는 작은 투쟁을 반복하는 것이다.

삶은 끝없는 타협의 연속이지만, 그 속에서도 반드시 지켜야 할 무언가가 있다. 그게 바로 '존재의 중심'이다.

오늘 당신은 무엇을 참고, 무엇을 견디고 있는가. 그것은 당신이 정말 원하는 삶인가, 아니면 그냥 모두가 말하는 삶에 불과한가.

세상이 원하는 사람이 되지 말고, 스스로에게 떳떳한 사람이 되자. 그게 바로 카뮈가 말한 존재하는 인간의 방식이다.

명언 필사

삶에 대한 절망 없이는 삶에 대한 사랑도 없다.

필사:

행복해지려면 다른 사람들과 지나치게 관계하지 말아야 한다.

필사:

나는 반항한다. 고로 존재한다.

필사:

──── **질문과 기록** ────

최근에 경험한 절망은 무엇이고
그걸 통해 배운 건 무엇인가요?

미셸 드 몽테뉴

미셸 드 몽테뉴는 프랑스 르네상스 시대의 사상가이자 에세이스트다. 그는 자신과 인간 본성에 대한 깊은 탐구로 '에세이'라는 문학 장르를 창조했다. 몽테뉴는 완벽한 인간은 없으며, 자신을 있는 그대로 받아들이고 의심하며 살아야 한다고 믿었다. 그의 글은 인간의 나약함과 불확실성을 솔직하게 인정하면서도, 그 속에서 겸손과 지혜를 찾는 길을 보여준다. 인간과 삶에 대한 솔직한 성찰은 오늘날에도 깊은 공감을 준다.

"철학의 첫걸음은 무지를 아는 데 있다."

미셸 드 몽테뉴는 진짜 앎은 스스로 '모른다'는 자각에서 출발한다고 보았다. 많은 사람들은 지식을 쌓고, 말에 힘을 실으며, 확신을 앞세우지만, 그 안에는 '의심'이 빠져 있다. 철학은 바로 그 의심에서 시작된다. 나를 의심하고, 세상을 의심하고, 내가 알고 있다고 믿는 것을 의심하는 것. 몽테뉴는 그런 겸손한 출발이야말로 진짜 철학의 시작이라고 말했다.

우리는 너무 자주 '안다고' 생각한다. 뉴스에서 들은 단편적인 정보로 누군가를 판단하고, 몇 번 마주친 인연으로 그 사람을 다 안다고 착각한다. 스스로에 대해서조차 그렇다. "나는 이런 사람이야.", "내 성격은 원래 이래." 그렇게 단정 지으며, 더 알아볼 기회를 스스로 차단한다.

그러나 어떤 진심은 시간이 지나야 보이고, 어떤 진리는 내가 틀릴 수도 있다는 열린 마음에서 비로소 찾아온다. 몽테뉴는 인간의 한계를 인정하는 것, 그 한계를 부끄러워하지 않는 용기야말로 지혜라고 설파한다.

한 청년이 있었다. 그는 남들보다 더 똑똑하다고 자부하며 살았다. 어떤 대화든 주도하려 했고, 잘못을 인정하는 데 인색했다. 그런데 어느 날, 직장 회의에서 자신이 만든 기획이 결정적으로 실패했고, 그때 동료들이 조심스럽게 건넨 피드백 속에서 처음으로 자신의 '무지'를 인정하게 된다. "아, 나는 다 안다고 착각했구나." 그 이후, 그는 말보다 질문을 먼저 꺼내기 시작했다. "너는 어떻게 생각해?", "이건 내가 잘 몰라서 그런데……." 그렇게 마음을 내어줄수록, 그는 더 많은 것을 배우고, 더 깊은 사람으로 변모했다.

몽테뉴는 말했다. 지식이란 완성이 아니라, 채워지고 깨지는 과정 속에서 자란다고. 철학은 무지를 부끄러워하지 않는 사람의 삶을 더 견고히 만든다.

지금 당신은 어떤 자세로 세상을 배우고 있는가. 이미 안다고 말하는 순간, 멈추게 된다. 하지만 아직 모른다고 인정하는 순간, 다시 나아갈 수 있다.

무지를 인정하는 것은 패배가 아니다. 그것은 성장의 예고이다. 그러니 오늘 하루, 스스로에게 이렇게 물어보자. "내가 모르고 있는 것은 무엇인가." 그 물음이 깊을수록, 나의 삶은 더 넓어질 것이다.

"가장 큰 지혜는 타인을 흉내 내지 않고
자기 자신으로 사는 것이다."

미셸 드 몽테뉴는 태어나서 죽을 때까지 온전히 자기를 위한 삶을 사는 사람은 극소수라는 걸 발견하고, 삶에서 가장 중요한 철학은 '타인을 닮으려는 노력'이 아니라, '자기 자신에게 진실해지는 용기'라고 말했다.

대부분의 사람들은 누군가의 기대에 맞추고, 타인의 눈치를 보며, 타인의 시선에 따라 억지로 나를 바꾸고 끼워 맞추려고 한다. 하지만 그렇게 살면, 결국 진짜 '나'와는 거리가 점점 멀어진다. 그래서 몽테뉴는 자기 자신에게 충실하지 않으면, 결국 아무에게도 진솔할 수 없다며 자기 자신에게 충실할 것을 강조했다.

한 무용수가 있었다. 어려서부터 발레를 했고 굉장히 좋아했지만, 고등학교에 진학하면서 부모의 반대로 춤을 포기했다. 그리고 경영학과에 진학하고, 대기업 인턴까지 하며 열심히 살았다. 외견상 부족할 것 없는 삶이지만, 시간이 지날수록 그녀는 점점 변해갔다. 원래 낙천적이고 잘 웃는 모습과 다르게, 더 이상 잘 웃지 않고, 말수도 줄었으며, 그렇게 마음은 점점 조용히 죽어갔다. 그러던 어느 날, 오랜만에 간 공연장에서 무대 위 춤을 보다가 자신을 행복하게 만들었던 무용이 떠올라 눈물을 흘렸다.

그날 이후, 그녀는 늦었지만 다시 무용을 하기 위해 몸을 움직이기 시작했다. 출퇴근길에 영상을 보며 동작을 익히고, 밤마다 연습실에서 춤을 췄다. 그런 그녀를 보고 누군가는 미련하거나, 현실을 모르냐고 비웃기도 했지만, 그녀는 오로지 자신에게 집중했다. 왜냐하면 그녀는 자신이 좋아하는 것을 해야지 비로소 행복할 수 있다는 걸 발견했기 때문이다.

몽테뉴는 자기를 속이는 삶이 가장 비참한 인생이라고 말한다. 아무리 성공해도, 그 성공이 나로부터 나온 것이 아니라면 허무함만 깊어진다는 것이다. 결국 진짜 삶이란, 외부의 인정이 아니라 내면의 평화로부터 오는 것이다.

자기 자신에게 충실하다는 건 때로는 무언가를 거절하는 일이다. 더 이상 나답지 않은 관계를 멈추고, 나의 꿈을 포기하게 만드는 환경과 싸우는 일이다. 그러나 그것은 결코 쉬운 선택이 아니다. 하지만 그 길을 택했을 때, 우리는 비로소 인생의 중심으로 돌아온다.

혹시 당신은 현재 누구의 인생을 살고 있는가. 내가 하는 말, 내가 택한 직업, 내가 맺고 있는 관계는 진짜 온전히 당신의 선택인가. 아니면 누군가의 기대를 채우기 위해 만들어낸 가짜 모습인가.

인생을 살면서 반드시 잊지 말아야 할 사실은, 누구도 나 대신 내 삶을 살아줄 수 없다는 것이다. 그러니 누군가가 원하는 내가 아니라, 내가 납득할 수 있는 나로 살아가자.

그게 몽테뉴가 말한 '진짜 삶'의 시작이다.

"우리는 불완전하기에 완전하다."

미셸 드 몽테뉴는 인간의 본질을 '결핍'과 '흠'에서 찾았다. 그는 인간은 처음부터 완벽할 수 없으며, 오히려 그 불완전함을 받아들이는 순간에야 비로소 진짜 인간이 된다고 보았다. 부족함은 고쳐야 할 결함이 아니라, 품고 살아야 할 진실로 간주한 것이다.

어렸을 적부터 소심한 학생이 있었다. 그는 성인이 되고 대학에 들어가서도 여전히 발표를 잘 못 하고, 낯가림이 심했다. 그러다 하루는 발표 시간에 교수님이 학생에게 "좀 더 자신감 있게 말해봐"라고 조언했고, 친구들은 그런 소심한 학생을 보며 "쟨 왜 저렇게 소심하냐"고 수군거렸다. 그러자 학생은 그 말로 인해 더 위축되고 끝내 발표를 망쳤다.

발표는 서툴지만 그에게는 글쓰기라는 재능이 있었다. 그는 시간만 나면 조용히 글을 썼고 어느 날, 익명으로 쓴 짧은 산문이 교내 공모

전에서 수많은 학생에게 울림을 주고 대상을 받게 되었다.

그때 그는 사람들 앞에 나서지 않아도, 깊은 마음을 전할 수 있고, 말주변이 없다는 단점이 오히려 '깊이 있는 글'로 표현되는 장점이 될 수 있다는 걸 깨달았다.

이처럼 몽테뉴는 불완전함 속에서 완전함이 존재한다고 믿었고, 남이 가진 장점으로, 단점을 재단하지 말고, 모두가 완벽해야 한다는 착각을 갖지 말라고 한다. 사람은 완벽하지 않기 때문에 더 나아지려 하고, 성장하려 하고, 서로를 필요로 하게 되는 것이다.

누군가는 느리게 배운다. 누군가는 금방 지친다. 어떤 이는 여전히 어제를 후회하며 오늘을 살고 있다. 하지만 그 모든 불완전함에도 불구하고, 지금 이 순간 최선을 다하고 있다면 우리는 이미 '완전한 존재'이다. 있는 그대로의 나를 껴안을 수 있을 때, 삶은 내 편이 된다.

몽테뉴는 완벽한 존재는 신뿐이고, 인간은 스스로를 이해하는 존재일 뿐이라고 말했다. 그러니 자꾸만 기준을 높여 스스로를 깎아내리고 과소평가하지 마라. 우리는 누구나 흠이 있지만, 그 흠조차 내 삶의 일부로 사랑할 수 있을 때 비로소 나는 나로서 온전해질 것이다.

"책은 길을 가리키지만,
그 길을 걷게 하는 것은 오직 경험이다."

미셸 드 몽테뉴는 진짜 배움은 책장이 아니라, 인생의 경험에서 나온다고 믿었다. 지식은 누군가의 경험을 옮겨 적은 것이지만, 경험은 온전히 나만의 것이 되기 때문이다.

인생을 열심히 살다 보면 한 번쯤 이런 의문을 갖게 된다. "왜 자주 실수를 반복할까?", "왜 잘하려 해도 뜻대로 안 될까?" 하지만 그럴 때일수록 몽테뉴는 자신을 자책하지 말고 경험을 스승으로 삼길 원했다. 세상에 완벽한 사람은 없고, 배움을 통해 발전할 수 있으니까 괜찮다는 것이다.

누군가는 처음 사업을 시작해 전 재산을 투자하며 열심히 했지만, 모든 걸 잃기도 한다. 주변 사람들은 '실패자'라며 수군거릴 수도 있지만, 그는 그 경험을 통해 삶의 본질을 배운다. 그리고 "다음엔 절대 같은 실수를 반복하지 않을 것."이라며 경험을 통해 발전한다.

또 어떤 사람은 사랑을 너무 믿고, 자신의 전부를 줬지만 이별과 상처를 마주하고 큰 아픔을 겪는다. 그러나 그 시간을 통해 진짜 사랑이란, 나 자신을 잃지 않는 것에서 시작된다는 것을 배운다. 그렇게 아픈 기억이 가르침이 되고, 더 성숙하고 현명한 사람으로 성장해 다시 사랑할 준비를 하게 만드는 것이다.

  이처럼 경험이란 누구도 대신해 줄 수 없는 인생의 교과서다. 아무리 많은 이론을 들어도, 직접 고통을 체험한 사람만이 진짜 강해질 수 있다. 지식은 머리에 남지만, 경험은 가슴 깊이 각인된다.

  그래서 몽테뉴는 실패를 두려워하지 말고, 고통을 피하지 말길 바랐다. 지금 겪고 있는 모든 순간이, 나를 나답게 만들어 가기 때문이다.

  배움은 완벽한 순간이 아니라, 가장 망가졌던 순간에서 시작된다. 그래서 실패와 실수는 부끄러운 게 아니다. 진짜 부끄러운 건 실수하지 않으려고 아무것도 하지 않는 것이다.

  지금 당신이 겪고 있는 실패와 실수, 당신만 알고 있는 그 고통, 아무에게도 말 못 했던 그 지난 시간들이 언젠가는 삶을 통째로 바꿔줄 스승이 될 것이다.

  그러니 자주 넘어져도 괜찮다. 그게 바로 인생을 배우는 자세이다. 그 경험은 절대 헛되지 않고, 그게 당신이 살아 있다는 가장 확실한 증거이다.

명언 필사

철학의 첫걸음은 무지를 아는 데 있다.

필사: _____

가장 큰 지혜는 타인을 흉내 내지 않고 자기 자신으로 사는 것이다.

필사: _____

우리는 불완전하기에 완전하다.

필사: _____

책은 길을 가리키지만, 그 길을 걷게 하는 것은 오직 경험이다.

필사: _____

―――― 질문과 기록 ――――

현재 나는 어떤 것에 대해 '안다'고
착각하고 있진 않나요?

4장

세상을 바라보는 철학
: 정치, 사회, 권력, 자연에 대한 사유

플라톤

　플라톤은 고대 그리스 아테네 출신의 철학자로, 서양 철학의 토대를 세운 가장 중요한 인물 중 하나이다. 그는 스승 소크라테스의 가르침을 이어받아, 자신의 철학을 체계적으로 발전시켰다. 특히 '이데아론'을 통해 감각으로는 알 수 없는 완전하고 변하지 않는 진리를 주장했다. 그의 철학은 윤리, 정치, 인식론 등 다양한 분야에 걸쳐 있으며, 이상적인 국가와 영혼의 조화를 탐구했다. 플라톤의 대화편은 오늘날까지도 인간의 삶과 사회에 깊은 통찰을 전하며 널리 읽히고 있다.

"철학이란 죽음을 연습하는 일이다."

플라톤은 『파이돈』에서 철학이란 곧 죽음을 준비하는 일이라 말했다. 이 말은 죽음을 두려워하라는 말이 아니다. 죽음은 종말이 아니라, 삶을 비추는 거울이라며, 철학자에게 죽음이란 단절이 아니라 통과의례이며, 그 순간을 제대로 마주할 수 있을 때 비로소 삶의 진실에 가까워진다고 말한다.

우리는 흔히 죽음을 먼 미래의 이야기라 믿으며 멀리 두고 산다. 그래서 시간을 낭비하고, 마음을 흩트리며, 삶을 준비하지 않는다. 하지만 플라톤은 그런 우리에게 묻는다. "당신은 오늘을 영원처럼 살고 있는가, 아니면 언젠가 죽을 것이라는 사실을 애써 외면하며 살고 있는가."

어느 날, 열심히 살던 한 남자가 암 판정을 받는다면, 그는 6개월 시한부라는 시간적 제한 앞에서 모든 게 멈출 것이다. 그리고 처음 며칠은 절망뿐이겠지만, 죽음 앞에 서야 보이고 들리는 것이 있을 것이다.

아침 햇살이 눈부시게 아름답고, 아내의 말 한마디가 전보다 더 따뜻하게 들릴 것이며, 그제야 삶이 선명하고, 소중한 것임을 깨달을 것이다. 이전엔 몰랐던 하루의 소중함을 되찾고, 잊고 지냈던 주변 사람의 소중함도 발견할 것이다. 그렇게 인간은 죽음을 마주한 순간, 비로소 진짜 삶을 살아가기 시작한다.

플라톤은 이런 삶의 태도를 가리켜 '철학적인 삶'이라고 한다. 철학자는 단지 사유하는 자가 아니다. 삶을 날마다 갱신하며, 오늘이 마지막인 것처럼 사는 것이다. 사람들과의 말 한마디, 밥 한 끼, 하늘을 올려다보는 눈길 하나조차도 가볍게 넘기지 않는 삶이 곧 철학이다.

죽음을 두려워하지 않는 자만이 삶을 제대로 사랑할 수 있다. 철학이란 매일을 마지막처럼 사는 연습이고, 이 연습은 당신을 무겁게 하는 게 아니라 가볍게 한다. 덜 후회하고, 더 사랑하고, 더 진실한 사람이 되게 만든다.

오늘 당신은 어떤 하루를 살고 있는가. 지금 이 순간을, 다시는 오지 않을 단 한 번의 기회처럼 살아가고 있는가. 혹은 무심하게 내일을 기약하며 오늘을 그냥 흘려보내고 있는가.

죽음을 아는 자만이, 삶을 알 수 있다. 그리고 삶은 영원하지 않기에 아름답고, 유한하기에 간절하다는 걸 잊지 말자.

"정치를 외면한 가장 큰 대가는 가장 저질스러운 인간들에게 지배당하는 것이다."

플라톤은 『국가』에서 이상 국가를 꿈꾸며 묻는다. "왜 가장 현명한 자들이 통치하지 않는가." 그는 철학자들이 정치로부터 물러나고, 선한 사람들이 사회 문제에 침묵할 때, 그 빈자리는 결국 무지하고 이기적인 이들이 채운다고 경고했다. 정치에 무관심한 태도는 중립이 아니라 방관이며, 방관은 때때로 폭력보다 더 위험한 침묵이 된다고 그는 경고한다.

이것은 단지 투표장에 나가야 한다는 수준의 이야기를 넘는다. 그것은 우리가 어떤 사회를 만들어가고자 하는가에 대한 근본적인 물음이다. 우리는 너무 쉽게 말한다. "정치는 더럽다", "괜히 나섰다가 상처만 입는다." 하지만 플라톤은 되묻는다. "그렇다면 당신은 어떤 세상에 살고 싶은가." 정치를 외면한 대가는 그 외면으로 인해 만들어지는 세상 속에서 살아가야 한다는 데 있다. 우리가 떠난 자리에, 우리가 원하지 않았던 이들이 자리를 점유한다.

플라톤에게 철학이란 단지 진리를 사유하는 일이 아니라, 공동체를 위한 책임 있는 행동으로 이어져야 했다. 철학자는 고립된 탑 위의 사람이 아니라, 공동선을 향해 사회를 설계하고 조율하는 자였다. 정치를 혐오하며 등 돌리는 삶은 결국 스스로의 삶을 더 나쁜 방향으로 밀어 넣는 선택이 될 수 있다는 것이다.

정치는 삶의 구조고, 제도의 언어이다. 우리의 일상은 법과 제도로 짜여 있고, 그 법과 제도는 정치로부터 비롯된다. 한 사회의 교육, 노동, 복지, 언론, 환경은 모두 정치와 무관하지 않다. 그러니 정치에 무관심한 태도는 곧 자기 삶의 방향키를 타인에게 넘기는 일과 같다.

그래서 플라톤은 말한다. 선한 이들이 정치를 외면하면, 결국 그 사회는 더 어두운 손에 맡겨지게 된다고. 무엇을 지키고 싶은가, 어떤 세상에서 살고 싶은가를 묻는 철학적 성찰이 곧 정치적 태도로 이어져야 한다. 철학이란 생각으로 종결되지 않는다. 그것은 삶을 실천하는 힘이며, 공동체에 대한 책임을 깨닫는 마음이다.

지금 당신이 살아가는 이 사회가 불편하고 고통스럽다면, 그것은 어쩌면 너무 많은 사람들이 침묵했기 때문일지도 모른다. 철학은 말한다. 침묵은 동의가 아니며, 외면은 해방이 아니다. 우리가 더 나은 세상을 원한다면, 철학을 통해 깨달아야 한다. 그리고 그 첫걸음은, 외면하지 않는 일이다.

"진리를 본 자는 다시 동굴로 돌아가야 한다."

플라톤의 『국가』에 등장하는 '동굴의 비유'는 철학사에서 가장 오래도록 회자되는 상징이다. 사람들은 어두운 동굴 안에서 벽에 비친 그림자를 현실이라 믿으며 살아간다. 그중 누군가가 용기를 내어 동굴 밖으로 나가 진짜 세계의 빛을 보게 된다. 그리고 그 깨달음을 얻은 이는 다시 동굴 안으로 발걸음을 옮긴다. 어둠 속에 남겨진 사람들을 향해, 다시 어둠으로 들어가는 그 걸음. 플라톤은 그 선택을 '철학자의 사명'이라 불렀다.

진리를 안다는 것은 세상을 떠나는 일이 아니라, 다시 세상과 마주하는 일이다. 무지를 깨달았다고 해서 세상과 거리를 두는 것이 아니라, 오히려 그 무지를 품고 살아가는 사람들을 위한 삶으로 되돌아가는 것이다. 깨달음에는 책임이 따른다. 진정한 지혜란 나 혼자 알고 끝내는 것이 아니다. 그것은 내가 본 빛을 다시 나누는 일, 내가 벗어난 어둠 속으로 다시 스스로 걸어 들어가는 일이다.

오늘의 우리는 너무 쉽게 '알고 있음'에 안주하고, 너무 쉽게 '깨달았다고' 말한다. 그러나 진리는 책상 앞에서, 강단 위에서, 혹은 고요한 사색 속에서만 머무르지 않는다. 진리를 본 자는 다시 삶의 가장 낮은 자리로 내려가야 한다. 지식은 소유가 아니라 실천이며, 철학은 사유가 아니라 태도다.

플라톤의 동굴은 철학자 자신만의 은둔처가 아니다. 그는 진리를 본 사람일수록 더욱 세속의 고통과 불완전함을 껴안고, 그것을 고치기 위해 애써야 한다고 말한다. 그것이 철학자의 본능이며, 진리를 본 자의 운명이다.

플라톤은 진리를 본 사람은 다시 동굴로 돌아가야 한다고 말하며 그것은 벌이 아니라 오히려 삶의 목적이라고 말한다. 내가 본 진리가 있다면, 그 빛을 들고 어둠 속을 걷는 사람들에게 다가가야 한다. 혼자 빛나는 사람이 아니라, 함께 어둠을 밝히는 사람이 되어야 한다. 그때야 비로소 철학은 현실이 되고, 앎은 생명의 에너지가 된다.

당신은 지금 어떤 진리를 보았는가. 그리고 그 진리를 안 채, 어떤 어둠을 향해 나아가고 있는가. 철학은 고개를 돌리는 것이 아니라, 다시 돌아가는 용기에서 시작된다.

"사랑은 아름다움을 갈망하는 영혼의 움직임이다."

플라톤은 『향연』에서 사랑을 단순한 감정이나 욕망이 아닌, 영혼의 가장 깊은 본능이라 말한다. 그는 사랑이란 단순히 누군가를 좋아하는 감정이 아니라, 그 사람 안에 깃든 아름다움을 통해 자신을 변화시키려는 영혼의 갈망이라 보았다. 사랑이 시작되는 곳은 마음이 아니라 영혼이라는 것이다. 사랑은 나를 나보다 더 나은 존재로 이끌어주는 움직임이다.

우리는 종종 사랑을 '소유하려는 감정'으로 오해하곤 한다. 그러나 플라톤이 말한 사랑은 그런 얕은 차원이 아니다. 사랑은 내가 아닌 누군가를 통해 세상을 다시 보게 되는 통로이며, 그 사람의 아름다움에 이끌려 내 존재의 무게마저 달라지는 경험이다. 사랑이란 감정은 결국, 스스로 더 고결한 존재로 변하고자 하는 영혼의 의지이다.

플라톤은 말한다. 사랑이란 낮은 곳에서 높은 곳으로 올라가려는 영혼의 여정이다. 그것은 단순한 감정이 아니라, 존재 전체가 움직이는 방향성이다. 그리고 그 방향은 늘 '아름다움'을 향한다. 아름다움은 외모가 아니고, 조건도 아니다. 그것은 우리가 설명할 수 없는 무언가이며, 설명하지 않아도 느껴지는 울림이다.

사랑이란 누군가를 바라보며, 나도 모르게 나 자신이 변화하고 있음을 깨닫고, 나도 모르게 더 나은 존재가 되려는 용기가 생기는 것이다. 사랑은 그렇게 우리를 조금씩 끌어당기고, 흔들고, 결국은 일으켜 세운다.

지금 당신은 누구를 사랑하고 있는가. 그리고 그 사랑은 당신을 어디로 이끌고 있는가. 그 사랑이 당신을 무너뜨리고 있다면, 그것은 진짜 사랑이 아닐지도 모른다. 진짜 사랑은 무너짐이 아니라, 성장이다. 집착이 아니라, 확장이다. 두려움이 아니라, 평온이다.

  사랑은 아름다움을 갈망하는 영혼의 움직임이다. 그리고 그 갈망은, 더 나은 나를 향한 여정의 시작이다. 마지막으로 묻고 싶다. 당신의 사랑은 지금, 당신을 어떤 사람으로 만들고 있는가.

―――――― **명언 필사** ――――――

철학이란 죽음을 연습하는 일이다.

필사: _____

정치를 외면한 가장 큰 대가는 가장 저질스러운 인간들에게 지배당하는 것이다.

필사: _____

진리를 본 자는 다시 동굴로 돌아가야 한다.

필사: _____

사랑은 아름다움을 갈망하는 영혼의 움직임이다.

필사: _____

──────── **질문과 기록** ────────

죽음을 의식하며 오늘을 더 진실하게 살아가고 있나요?

존 로크

존 로크는 영국의 철학자이자 계몽주의의 선구자로, 근대 자유주의 정치철학의 기초를 세운 인물이다. 그는 인간은 태어날 때 백지상태(tabula rasa)로 태어난다고 주장하며, 경험과 교육을 통해 지식이 형성된다고 보았다. 로크는 개인의 자유와 재산, 생명을 보호받을 권리를 강조하며, 국가 권력은 시민의 동의로부터 정당성을 가진다고 주장했다. 이러한 사상은 미국 독립선언서와 프랑스 인권선언 등에 큰 영향을 주었으며, 오늘날 민주주의와 인권 개념의 기초가 되었다. 그는 또한 관용과 종교의 자유를 역설했으며, 합리적 사유를 통해 사회와 정치의 방향을 모색하려 한 실천적 철학자였다.

"인간의 마음은 백지와 같다. 경험이 그것을 채운다."

존 로크는 인간의 본성을 이야기할 때, 어떤 고정된 성질을 부여하지 않았다. 그는 인간의 마음을 '텅 빈 백지(tabula rasa)'라 불렀다. 이 백지는 태어날 때 아무 글자도 없이 시작되며, 우리가 살아가며 겪는 경험 하나하나가 그 위에 삶의 문장으로 기록된다. 말하자면, 우리는 태어나는 것이 아니라, 만들어지는 존재이다.

누군가는 말한다. "저 아이는 참 이기적이야.", "쟤는 원래 저래." 하지만 로크는 묻는다. 정말 그럴까? 그 아이가 어떤 환경에서 자랐는지, 어떤 말을 듣고 어떤 사랑을 받았으며, 어떤 상처를 견디며 여기에 이르렀는지를 알고 있는가. 저절로 그런 모습이 된 것이 아니다. 경험이 그렇게 만든 것이다. 백지는 절대로 아무 경험 없이 쓰이지 않는다.

이처럼 당신이 지금 가지고 있는 습관, 가치관, 말투, 두려움, 기대, 상처까지도 모두 당신의 '경험'이 써낸 이야기이다. 당신이 어떤 사람인지 말하기에 앞서, 당신은 어떤 경험을 반복해 왔는지를 돌아봐야 한다. 유년기의 반복된 비난은 자책하는 성인으로 만든다. 끊임없이 기다려진 존재는 누군가를 기다리는 어른이 된다. 그리고 충분히 사랑받은 기억은, 누군가를 따뜻하게 안아줄 줄 아는 사람으로 자라게 한다.

삶이란 그저 흘러가는 시간이 아니다. 그것은 백지 위에 글을 쓰는 일이다. 어떤 이는 그 위에 불안과 비교를 쓰고, 또 어떤 이는 희망과 용기를 쓴다. 누구나 좋은 문장을 갖고 태어나지는 않는다. 그러나 누구나 아름다운 문장을 새로 써갈 수는 있다. 중요한 것은, 지금 이 순간도 누군가의 백지에 어떤 문장을 남기고 있다는 사실이다.

말 한마디, 태도 하나, 행동 하나가 다른 사람의 마음에 흔적을 남긴다. 교육이란 결국, 백지를 쓰는 일이다. 관계란 서로의 백지에 글을 더하는 일이다. 사랑이란, 그 백지에 가장 따뜻한 문장을 남기는 일이다. 인간은 서로를 쓰고, 서로에게 써지는 존재이다.

당신의 백지엔 지금 무엇이 쓰여 있는가. 그리고 당신은 오늘 누구의 마음에 어떤 문장을 쓰고 있는가. 잊지 말자. 백지는 쓰는 대로 남는다. 그리고 그 문장이 곧 당신의 삶이 된다.

"모든 인간은 태어날 때부터 생명, 자유, 재산을 지닌다."

존 로크는 인간을 태어날 때부터 권리를 지닌 주체로 바라보았다. 그는 인간이 세상에 오는 그 순간부터 누구에게도 빼앗길 수 없는 권리를 갖고 있고 그것이 바로 생명, 자유, 재산이라고 말했다. 이 세 가지는 단순한 물질적 자산이 아니라, 인간답게 살아가기 위한 최소한의 조건이며, 누구나 평등하게 지니는 천부적 권리이다.

로크는 이 권리가 위협받는 순간, 인간은 존엄을 잃는다고 보았다. 그래서 그는 국가나 권력이 존재하는 이유가 바로 이 자연권을 보호하기 위해서라고 주장했다. 권력은 인간 위에 군림하는 것이 아니라, 인간으로부터 위임받은 것이다. 만약 권력이 이 권리를 침해한다면, 그것은 더 이상 정당한 권력이 아니다.

이건 오늘날에도 여전히 유효하다. 우리는 당연하게 여기던 일상에서 로크의 철학을 마주친다. 내가 내 집에서 평온할 권리, 누구의 간섭 없이 자유롭게 의견을 말할 수 있는 권리, 나의 몸과 내 시간에 대해 선택할 권리. 회사가 사생활을 무시하고, 국가가 이유 없이 재산을 빼앗고, 누군가가 당신의 자유를 억누를 때 우리는 분노하고 저항한다. 그 반응은 누가 시킨 게 아니라 본능에 가깝다. 왜냐하면, 그것은 태어날 때부터 가지고 있던 것이기 때문이다.

진짜 권리는 누군가에게 허락받아야 가질 수 있는 것이 아니다. 그것은 내 안에 이미 존재하는 것이며, 단지 사회가 그것을 인정하고 보호해야 할 의무가 있는 것이다. 이 사유는 오늘날 인권선언의 기초가 되었고, 헌법과 법률로 이어지며, 우리가 누리는 자유의 토대가 되었다.

로크는 말한다. 인간은 자유롭게 태어났고, 자유롭게 살아야 한다.

자유를 지키기 위해 우리는 법을 만들고, 제도를 세운다. 그러나 제도가 자유를 억압한다면, 우리는 다시 바로잡아야 한다. 왜냐하면, 인간의 권리는 제도보다 앞서기 때문이다.

당신은 생명, 자유, 재산을 얼마나 존중받고 있는가. 혹시 누군가 그 권리를 서서히 잠식하고 있지는 않은가. 그리고 당신은 타인의 권리를 얼마나 존중하며 살고 있는가. 진정한 민주사회는 서로의 자연권을 인식하고, 그것을 지켜주는 사람들 위에 세워진다.

지금 이 순간에도 세계 곳곳에서 자유와 권리를 외치는 목소리가 있다. 소리 속에는 로크의 목소리가 함께 살아 숨 쉬고 있다. 그 외침은 "우리는 태어날 때부터 존엄한 존재로, 살아야 할 이유가 있다."고 반복해서 말하고 있다.

"통치자의 권위는 피통치자의 동의에서 나온다."

존 로크는 통치의 본질을 신의 뜻이나 왕의 혈통이 아닌 '시민의 동의'에서 찾았다. 그는 권위란 위에서 내려오는 것이 아니라 아래에서부터 올라오는 것이라고 믿었다. 누군가를 다스릴 정당한 힘은 억압과 공포로 세워지는 것이 아니라, 신뢰와 합의 위에 세워질 때 비로소 진짜 권위가 된다는 것이다.

그가 살았던 시대는 절대왕정이 팽배했던 시기였다. 왕은 신의 대리인으로 여겨졌고, 명령은 신성불가침으로 받아들여졌다. 하지만 로크는 그런 시대의 허상을 깨뜨리며 "국민이 위임한 권력만이 진짜 권력이다"라고 말했다. 이 사상은 근대 민주주의의 기초가 되었으며, 오늘날 우리가 선거를 통해 권력을 위임하고 회수하는 정치 시스템의 토대가 되었다.

이 명언은 단지 국가에만 적용되는 말이 아니다. 우리는 삶의 다양한 관계 속에서 '권위'를 마주한다. 회사에서의 리더, 가정에서의 부모, 학교에서의 교사도 마찬가지다. 어떤 권위든 정당성을 가지려면 동의와 신뢰 위에 세워져야 한다. 누군가의 의견을 무시하고 강제로 통제하거나 억누를 때, 처음에는 따라올지 몰라도 언젠가 그 권위는 무너진다. 반면, 상대의 의사를 묻고 함께 결정한 권위는 쉽게 흔들리지 않는다.

한 회사에서 상사가 프로젝트를 진행할 때마다 매번 직위를 이용해 모든 결정을 혼자 내리고 직원들의 의견을 듣지 않는다면, 성과가 나쁘지 않더라도 팀원들은 존중받지 못한다는 생각에 점점 침묵하고 불만을 쌓게 될 것이다. 그렇게 한 번 어긋나면 얼마 지나지 않아 팀 분위기도 무너지고 성과도 나빠질 수밖에 없다.

이처럼 로크는 누군가를 다스릴 때 가장 먼저 물어야 할 질문은 "그들은 나를 진심으로 신뢰하는가?"라고 했다. 권위는 지위에서 나오는 것이 아니라 신뢰와 공감에서 비롯된다. 그리고 그것이 바로 '민주주의'의 진짜 의미이다. 나 혼자 오르는 것이 아니라, 함께 걸어가는 것.

삶에서도 우리는 늘 누군가에게 영향을 주고, 누군가의 영향을 받는다. 그 속에서 내가 어떤 태도로 관계를 만들고 있는지를 돌아보아야 한다. 그래서 로크는 우리에게 마지막으로 묻는다.

"당신은 권력을 휘두르고 있는가, 아니면 신뢰를 쌓고 있는가?"

"생명과 힘은 마음속 깊이 있고 완전한 확신에서 나온다."

존 로크는 인간의 힘은 외부에서 주어지는 것이 아니라, 마음 깊은 곳의 확신에서 비롯된다고 말했다. 이 말은 단지 종교나 철학의 신념만을 뜻하지 않는다. 그것은 살아가는 모든 삶의 태도, 선택의 방식, 그리고 우리를 밀어주는 동력에 대한 통찰이다. 로크에게 인간은 자유로운 존재이며, 그 자유는 누군가의 허락으로부터가 아니라 내면에서 피어나는 신념에서 출발해야 한다.

우리는 모두 다른 방식으로 살아간다. 누군가는 가족의 기대에 맞취 안전한 길을 걷고, 또 다른 이는 자신의 길을 스스로 만들어간다. 중요한 것은 무엇이 옳고 그르냐가 아니라, 내가 나의 삶을 얼마나 자발적으로 살아가고 있느냐이다. 강요된 선택은 오래가지 못한다. 억눌린 신념은 언젠가 무너진다. 오직 마음속에서부터 시작된 확신만이 우리를 흔들림 없이 앞으로 나아가게 한다.

로크는 관용의 철학자이기도 하다. 그는 진정한 신앙은 강요로 생기지 않는다고 말하며, 각자의 양심과 내면의 선택이 진리로 향하는 길이라고 믿었다. 이것은 종교에만 해당되는 것이 아니다. 누군가의 방식이 나와 다르다고 해서 틀렸다고 말할 수는 없다. 아이가 울음을 참지 못해 눈물을 흘릴 때와 어른이 담담히 슬픔을 견딜 때, 우리는 그 차이를 이해하고 존중할 수 있어야 한다. 다름을 인정하는 순간부터, 진짜 힘이 자라난다.

확신은 시끄럽지 않다. 조용히 마음 한가운데 자리를 잡는다. 그것은 시간이 지나도 흔들리지 않고, 타인의 평가에도 위축되지 않는다. 그리고 바로 그 확신이, 말하고 행동할 때 원동력이 되며, 결국 삶의 방향을 결정짓는다.

진정한 삶이란 남의 기준에 휘둘리는 삶이 아니라, 스스로의 신념 위에 세운 삶이다. 그래서 로크는 생명력은 확신에서 비롯되며, 확신은 자유로운 선택에서 시작된다고 말한다.

즉, 당신이 지금 어떤 길을 가든, 그 길이 당신의 내면에서 피어난 길이라면 그것은 분명한 힘이자 생명이다.

우리는 늘 선택 앞에 선다. 그리고 그 선택의 출발점에는 반드시 물어야 할 질문이 있다. "과연 이 길이 온전히 내 마음에서 비롯된 것인가?"

명언 필사

인간의 마음은 백지와 같다. 경험이 그것을 채운다.

필사: _____

모든 인간은 태어날 때부터 생명, 자유, 재산을 지닌다.

필사: _____

통치자의 권위는 피통치자의 동의에서 나온다.

필사: _____

생명과 힘은 마음속 깊이 있고 완전한 확신에서 나온다.

필사: _____

─── 질문과 기록 ───

관용을 베풀지 못해 관계가 멀어진 적이 있다면,
그때 내가 놓친 것은 무엇이었나요?

노자

노자(老子, 기원전 6세기경)는 도가(道家)의 시조로 불리며, 『도덕경(道德經)』의 저자이다. 정확한 생애는 신화처럼 전해지고, 주(周)나라의 관리였으며 세상의 혼란을 피해 은둔하며 '도(道)'에 대한 사상을 정립했다. 노자는 모든 존재와 변화의 근원인 '도(道)'를 중심에 두고, 인위적인 것보다 자연스러움을, 강함보다 부드러움을 강조했다. 억지로 무엇인가를 이루기보다는 스스로 그러한 상태, 즉 '자연(自然)'의 흐름에 따르는 삶을 이상으로 여겼다. 노자의 사상은 유교와는 다른 방향에서 인간과 사회를 성찰했으며, 후대의 동양 사상 전반에 깊은 영향을 끼쳤다. 그의 철학은 정치와 인간관계, 일상의 작은 선택에 적용될 수 있는 지혜를 품고 있다.

"도는 말할 수 있는 것이 아니며,
이름 붙일 수 있는 도는 진짜 도가 아니다."

　노자의 『도덕경』은 한 줄의 문장이 수천 년을 견디며 살아남은 책이다. 그 첫 문장은 이렇게 시작된다. "도가도 비상도(道可道非常道), 명가명 비상명(名可名非常名)." 곧 말로 설명할 수 있는 도는 영원한 도가 아니며, 이름 붙일 수 있는 이름은 진짜 이름이 아니라는 뜻이다.

　노자는 '도(道)'를 우주 만물의 근원적 원리이자 흐름으로 본다. 그러나 그 도는 인간의 말과 개념으로는 완전히 담아낼 수 없다. 우리가 어떤 개념에 이름을 붙이는 순간, 그것은 틀 속에 갇힌 것이 되며 본래의 자연스러움을 잃는다. 진리란 단어보다 넓고, 설명보다 깊으며, 규정보다 자유로운 것이기에, 진리를 말로 고정하려는 순간 진리는 이미 손에서 미끄러진다.

　사랑도 그렇다. 누군가를 사랑한다고 수백 번 말해도, 그 말이 사랑 그 자체는 아니다. 사랑은 말보다는 비언어적 의사소통에서 더 진하게 전해진다. 눈빛에서, 행동에서, 침묵 속에서 더 큰 온기를 느낀다. 때로는 아무 말 없이 따뜻한 차 한 잔을 건네는 손길이, 수십 마디의 위로보다 더 많은 것을 말해준다. 말은 감정을 담기 위한 그릇일 수는 있어도, 감정 그 자체는 아니다. 마찬가지로 '도' 역시 언어가 아니라 삶 속에서 느껴지는 흐름이며, 정의가 아니라 체험되는 진실이다.

우리는 무언가를 구분하고 싶을 때마다 이름을 붙인다. 그것이 생명이든, 개념이든, 관계든. 하지만 노자는 그 과정에서 본질이 흐려진다고 경고한다. 단어는 분류를 만들고, 분류는 경계를 만든다. 그렇게 자연스럽게 흐르던 삶을 '좋다', '나쁘다', '성공이다', '실패다'로 나누기 시작한다. 그러나 도는 이 모든 이분법을 넘는 흐름이다. 노자는 말한다. "분별은 얽힘을 낳고, 얽힘은 진리를 가린다."

노자가 말한 도는 따라야 할 규범이 아니라, 자연 그대로의 이치이다. 억지로 말하지 않아야 하고, 억지로 정의하지 않아야 한다. 오히려 침묵 속에서 느끼고, 삶 속에서 관찰하고, 흐름을 거스르지 않고 살아가는 것이 도를 따르는 삶이다. 도는 논쟁의 대상이 아니라, 스스로를 관통하는 어떤 '감각'이다. 우리가 가장 진실에 가까워질 때는 언제나 조용할 때다. 설명을 내려놓고, 있는 그대로를 바라볼 수 있을 때이다.

진짜 진리는 말로 외워지는 것이 아니라, 고요한 깨달음으로 다가온다. 그것은 사랑을 처음 느낀 날처럼, 설명은 없지만 모든 게 분명해지는 순간이다. 우리는 그 순간을 말로 포착하지 못하지만, 결코 잊지 않는다. 노자는 그것을 '도'라고 불렀다.

삶의 본질은 언제나 이름 바깥에 있다. 그래서 가장 중요한 것들은 언제나 설명하기 어려운 형태로 다가온다. 사랑, 용기, 믿음, 그리고 진리. 모두가 눈에 보이지 않지만, 가장 확실하게 존재하는 것들이다. 그래서 노자는 침묵을 말보다 높이 평가했고, 경험을 개념보다 더 중요하게 여겼다.

당신의 삶에 흐르고 있는 '도'는 무엇인가. 그리고 당신은 그것을 말로 붙잡으려 하는가, 아니면 조용히 느끼려 하는가. 삶은 규정하는 것이 아니라, 함께 흘러가는 것이다. 도는 당신 안에 있고, 그저 침묵 속에서 당신을 따라 흐르고 있다.

"상선약수(上善若水), 최고의 선은 물과 같다."

노자는 『도덕경』에서 말했다. "상선약수. 수선리만물(上善若水. 水善利萬物)."

가장 높은 선은 물과 같고, 물은 만물을 이롭게 하되 다투지 않는다는 뜻이다.

이 말은 노자의 철학을 가장 간결하면서도 강력하게 담고 있다.

물은 가장 낮은 곳으로 흐른다. 높은 곳을 탐하지 않고, 다른 것과 부딪치지 않으며, 자신을 주장하지 않는다. 그러나 물처럼 강한 것이 또 있을까. 단단한 돌을 뚫고, 시간을 이기며, 마침내 산을 깎고 길을 만든다. 세상의 모든 생명은 물이 없으면 살 수 없고, 물은 누구에게도 해를 끼치지 않으면서도 모든 것을 품는다. 노자는 이 '무위(無爲)의 힘'이 도의 본질이라 보았다.

사람들은 종종 강해지고 싶어 한다. 더 높은 곳을 향해 나아가고, 더 많은 것을 가지려 애쓴다. 그러나 그 과정에서 타인과 부딪히고, 자기 자신조차 상처를 입는다. 반면, 물처럼 살아가는 이들은 다투지 않고도 이기며, 주장하지 않고도 인정받는다. 물은 길을 내려고 애쓰지 않는다. 그저 낮은 곳으로 흘러갈 뿐이다. 그런데도 결국, 가장 긴 길을 간다.

노자가 말한 '상선약수'는 단지 겸손해지라는 뜻이 아니다. 그것은 세상을 이기는 가장 부드럽고도 강한 방식이다. 억지로 밀지 않아도 흐름을 따르며, 어디에든 스며들되 어디에도 갇히지 않는 태도. 그 안에는 힘보다 유연함이, 속도보다 지속됨이, 외침보다 침묵의 힘이 있다.

현대 사회는 끊임없이 우리에게 지금보다 더 잘 살고, 더 높이 올라가고, 더 많은 걸 가져야 한다고 말한다. 그러나 노자는 "정말 높은 것은 낮은 것 속에 있고, 진짜 강한 것은 부드러움 속에 있다."라고 역설한다. 인생은 경쟁이 아니라 흐름이고, 누군가를 밀어내지 않고도 함께 갈 수 있고, 이기지 않아도 끝까지 살아남을 수 있다며 지나친 경쟁보다 물처럼 흘러가는 삶이 더 낫다고 말한다.

물처럼 사는 삶. 강요하지 않고, 흐름을 따르고, 스스로 낮아지되 존재감은 더욱 깊은 삶이다. 진짜 강한 사람은 소리 없이 흐르고, 선명하게 스며든다. 노자는 그런 삶을 '도와 가까운 삶'이라 말했다. 도는 결코 무리 짓지 않고, 소리 없이 세상을 바꾸는 법을 아는 자들의 곁에 흐른다.

"말이 많으면 곤란해진다. 차라리 중심을 지켜라."

노자는 『도덕경』에서 말이 많아질수록 오히려 곤란에 빠지게 된다고 경계했다. 그는 언어의 힘을 과소평가하지 않았지만, 동시에 그 힘이 과해질 때 어떤 해로움을 불러올 수 있는지도 정확히 알고 있다. 진실한 말은 수다스럽지 않고, 깊은 지혜는 침묵 속에 머무르며, 말이 많아질수록 본질은 희미해지고, 감정은 왜곡되며, 마음은 점차 멀어진다고 했다.

우리는 자주 말로 누군가를 설득하려 한다. 옳음을 증명하는 말, 마음을 전달하는 말, 억울함을 해소하는 말. 그러나 그 말을 거듭하다 보면 어느 순간, 처음의 진심은 사라지고 오로지 이기고자 하는 마음만 남게 된다. 예를 들어, 가까운 친구와의 다툼에서 처음엔 오해를 풀기 위한 대화였지만, 시간이 지날수록 감정은 격해지고, 결국 말이 감정을 이기지 못한 채 관계에 상처를 남기는 경우가 많다. 그럴 때 필요한 건 더 많은 말이 아니라, 더 고요한 침묵이다.

노자는 그런 상황에서 말 대신 '중심을 지키라'고 했다. 중심이란 곧 내면의 평온이다. 흔들리지 않고, 들뜨지 않고, 조용히 자신을 바라볼 줄 아는 태도. 그것은 말의 무게를 아는 사람만이 지닐 수 있는 역량이다. 침묵은 무능함이 아니라 절제이며, 자제는 부드럽고 강한 담대함이다.

오늘날 우리는 정보의 홍수 속에서 끊임없이 설명해야 하는 시대에 산다. 그러나 중요한 것은 많이 말하는 것이 아니라, 필요할 때 정확히 말하고, 침묵할 줄 아는 것이다. 그것이 노자가 말한 삶의 중심이자, 진정한 지혜이다.

"아는 자는 말하지 않고, 말하는 자는 알지 못한다."

노자는 『도덕경』에서 이 한 문장을 통해 진정한 지혜의 속성을 꿰뚫었다. 참으로 아는 자는 말로 자기를 드러내려 하지 않는다. 말은 언제나 본질을 다 담지 못하고, 오히려 진실을 흐리기 쉽기 때문이다. 깊이 있는 자는 침묵하고, 얕은 자는 소리 높인다. 이는 단순한 겸손의 미덕이 아니라, 삶의 태도이자 존재 방식이다.

한 회의에서 모두가 의견을 내며 시끄럽게 목소리를 높이고 있을 때, 끝까지 듣기만 하던 한 사람이 조용히 입을 열고 중요한 몇 마디를 했다면, 그 사람은 그저 말을 적게 한 게 아니라, 아는 만큼 말하고, 본질을 잘 집어낸 사람이다.

노자의 '앎'은 말이 아닌 '도' 그 자체로 드러난다고 보았다. 말하기 전에 듣고, 주장하기 전에 스스로를 비우는 사람이 진짜 아는 사람이라고 했다. 진실한 깨달음은 말로 설명하지 않아도 삶으로 스며들고, 화려한 언변보다 조용한 행동을 믿었다.

이 말은 디지털 시대를 살아가는 우리에게도 큰 울림을 준다. 인터넷에는 하루에도 수십억 개의 말이 흘러나오고, 채팅창에 쌓인 메시지는 답장을 요구한다. 그러나 그 말들 사이에서 우리는 점점 더 지치고, 피곤해진다. 말이 넘칠수록 신뢰는 줄어들고, 고요는 사라진다. 진짜 필요한 것은, 말이 아니라 깊은 사유와 조용한 책임감이다.

그래서 노자는 묻는다. 당신이 하는 말은 진짜인가, 아니면 보여주기 위한 소리인가. 아는 자는 말하지 않고, 말하는 자는 알지 못한다. 그 말은, 우리가 어떤 태도로 세상을 대할 것인가에 대한 질문이다.

명언 필사

도는 말할 수 있는 것이 아니며, 이름 붙일 수 있는 도는 진짜 도가 아니다.

필사: _____

상선약수(上善若水), 최고의 선은 물과 같다.

필사: _____

말이 많으면 곤란해진다. 차라리 중심을 지켜라.

필사: _____

아는 자는 말하지 않고, 말하는 자는 알지 못한다.

필사: _____

질문과 기록

**현재 당신은 말보다 행동으로 삶을 증명하며
살아가고 있나요?**

레프 톨스토이

레프 니콜라예비치 톨스토이는 러시아의 소설가이자 도덕 철학자이며 사상가였다. 《전쟁과 평화》, 《안나 카레니나》로 세계적인 문학적 명성을 얻었지만, 그의 삶은 문학 그 자체보다 '어떻게 살아야 하는가'라는 윤리적 질문에 더 진지하게 매달려 있었다. 귀족으로 태어났지만 부와 명예를 버리고 소박한 삶을 택했으며, 종교, 권위, 폭력, 소유에 대한 근본적인 회의를 바탕으로 비폭력, 무저항, 자기희생의 사상을 주장했다. 그의 후기 저작들은 간결하고 명료한 언어로 인간 존재의 본질을 꿰뚫었으며, 간디와 마틴 루터 킹 주니어에게도 지대한 영향을 주었다.

"말은 인정을 구하지만, 행동은 진실을 향한다."

　레프 톨스토이는 누구보다 진실에 집착한 사람이었다. 그는 수많은 문장을 남겼지만, 결국 자신이 말한 철학을 자신의 삶으로 증명하고자 했다. 말은 누구나 할 수 있지만, 삶으로 보여주는 건 오직 의지 있는 자만이 가능한 일이다. 귀족의 자리에 있었던 그는 스스로 권력과 부를 내려놓고, 화려한 연회 대신 소박한 밥상을 선택했으며, 고상한 토론 대신 땅을 일구는 노동을 택했다. 그것은 그가 자신의 철학을 신념이 아닌 실천으로 살아가고자 했기 때문이다.

　톨스토이는 진실은 말의 완성으로 끝나는 것이 아니라, 행동으로 드러나고, 진정한 진리는 고요한 일상 속 반복되는 선택 안에 있다고 말했다. 그것은 거창하거나 특별한 것이 아니라, 매일 아침 같은 길을 거닐고, 동일한 태도로 사람을 대하고, 같은 원칙으로 삶을 꾸려가는 태도에서 비롯된다는 것이다.

　현대를 사는 우리는 말과 이미지로 세상을 채운다. 사랑한다는 말, 정의를 향한 구호, 변화에 대한 선언은 넘쳐나지만, 정작 그 말을 지탱하는 실천은 적다. 정의를 외치면서 일상 속 약자를 무시하고, 사랑을 말하면서 가장 가까운 이에게 소홀한 모습을 보일 때, 우리의 말은 삶과 분리되어 버린다. 톨스토이는 이런 불일치를 가장 경계하며 사람이 말한 만큼의 삶을 살지 못할 때, 그 말은 허위가 된다고 경고했다.

선량한 사람이 되고 싶다면서 타인의 실패를 조롱하고, 이익 앞에서 손해 보지 않으려 늘 계산한다면, 그는 행동은 없고 말만 하는 사람이다. 반면 조용히 자기 일을 하며, 누구에게나 똑같은 태도로 살아가는 이는 본인이 선하다 말하지 않았지만, 그의 삶은 누군가에게는 따뜻한 기억으로, 누군가에게는 위로로 남을 것이다. 이처럼 톨스토이가 말하는 진실한 사람은 말과 삶 사이의 간극이 짧은 사람이다.

말은 즉각적으로 반응을 얻고, 즉시 효과를 준다. 그래서 많은 사람들은 말에 집착한다. 하지만 행동은 느리고 때로는 아무도 알아주지 않는다. 그러나 진짜 신념은 그런 고요한 자리에 깃든다. 눈부시지 않지만 꾸준한 걸음, 드러나지 않지만 끝까지 지켜낸 원칙. 그것이야말로 말보다 오래가는 진실이다.

이 시대는 너무 많은 말을 요구한다. 더 잘 말해야 하고, 더 감동적으로 표현해야 한다고 말한다. 하지만 진짜 울림은 어쩌면 아무 말 없는 행동에서 온다. 화려하진 않지만 따뜻했던 선택. 그것이 진실이다.

삶이 곧 철학이고, 행동이 곧 신념이다. 말은 사람의 입을 통해 흐르지만, 행동은 사람의 존재를 통해 드러난다. 남들이 보지 않는 순간에도 똑같은 자세를 유지하는 삶, 그것이야말로 우리가 남겨야 할 가장 진실한 흔적이다. 그리고 그 흔적은 말로 새겨지지 않고, 오직 삶으로 남는다.

"행복은 언제나 자신을 위해 살 때가 아니라, 누군가를 위해 살 때 찾아온다."

레프 톨스토이는 부유한 귀족으로 태어나 세계적인 작가가 되었지만, 인생 후반부에 자신이 그렇게 꿈꾸던 모든 것을 내려놓으며 명예와 돈, 지위는 결국 공허를 키울 뿐이며, 진짜 기쁨은 타인의 삶 속으로 걸어 들어갈 때 시작된다고 말했다. 그는 깨달음을 책에서 배운 것이 아니라, 굶주린 사람들의 눈빛과, 배움이 절실한 아이들의 손끝에서 느꼈다.

그래서 톨스토이는 남루한 옷을 입고 시골 아이들을 가르쳤고, 자신이 만든 빵을 나누어 먹었으며, 마을 사람들과 함께 밭을 갈았다. 그는 그렇게 새로운 삶을 통해 이전에 경험해 보지 못한 충만함을 느꼈다. 그리고 그때 비로소 자신을 위해 살 때 불안했던 감정은 잊고 누군가를 위해 사는 것이 행복이라는 것을 느꼈다.

대부분 많은 사람들은 행복을 외적인 조건에서 찾는다. 더 좋은 집, 더 넓은 차, 더 높은 연봉, 더 많은 인정. 하지만 그 모든 것이 갖추어진 후에도 여전히 허전함이 남는다. 이유는, 그것들이 오로지 나 자신만을 위한 것이기 때문이다. 반면 내가 아닌 누군가에게 따뜻한 말을 건넸을 때, 도움이 필요한 사람에게 도움의 손길을 건네주었을 때, 그 작은 배려와 도움에서 예상치 못한 마음의 평화가 찾아온다. 내 안에 갇혀 있던 마음이 누군가에게 닿았을 때, 나를 넘어 새로운 세계가 열리게 되는 것이다.

우리는 '내가 얼마나 가졌는가'에 집착하지만, 시간이 흐를수록 '내가 누구와 무엇을 나눴는가'가 훨씬 가치있는 것이 된다. 그것이 시간이 지나도 마음에 남고, 삶을 추억하게 하는 기억이 된다. 타인을 위한 삶은 희생이 아니라 확장이다. 나의 작은 세상이 누군가의 마음과 닿을 때, 관계는 더 무르익고, 더 진해지고, 더 성숙해진다.

톨스토이가 던진 질문은 단순하다. "당신은 지금 누구를 위해 살고 있는가." 그리고 그 질문은 여전히 유효하다. 자기중심적인 삶은 쉼 없이 물질적인 것을 채워야 하는 삶이지만, 누군가를 위한 삶은 계산 없이 마음이 풍족해지는 삶이다.

"사람은 사랑으로 산다."

이 짧은 문장은 톨스토이의 인생을 통틀어 가장 깊은 고백이자 결론이다. 그는 인간의 본질을 이기심이나 경쟁이 아니라, 오직 '사랑'에 있다고 믿었다. 단지 감정으로서의 사랑이 아닌, 사람을 사람답게 만드는 삶의 방식이자 존재의 뿌리로서의 사랑이었다.

그의 단편소설 『사람은 무엇으로 사는가』에서 한 천사가 인간 세상에 내려와 깨닫게 되는 것도 결국 이 한 가지였다. 누군가를 향한 연민, 한 아이를 품는 마음, 말없이 빵을 나누는 손길. 그것들이 이 세계를 지탱하는 보이지 않는 힘이라는 사실이었다.

톨스토이는 그것을 책 속에서만 말하지 않았다. 귀족이던 그는 자신을 찾아오는 가난한 사람들을 외면하지 않았다. 집 앞을 지나가는 나그네를 데려다 재우고, 직접 만든 빵을 나누며 살았다. 사람들은 그의 선택이 이해되지 않는다고 했지만, 그는 거기서 평화를 찾았다. 사랑이 불편함을 가져왔지만, 동시에 가장 깊은 기쁨도 함께 가져다주었기 때문이다.

우리는 지금 서로 단절된 시대에 살고 있다. 스마트폰으로 모든 것을 알고, 기술로 대부분의 문제를 해결할 수 있지만, 마음을 내어주는 일은 점점 서툴러지고 있다. 그래서 외롭고 공허하다. 하지만 여전히, 누군가에게 따뜻한 눈빛을 건넸던 날을 우리는 잊지 못한다. 길에서 낯선 이에게 도움을 받았던 순간이 오래도록 기억되는 이유도, 인간은 사랑으로 존재하는 존재이기 때문이다.

사랑은 크고 거창하지 않아도, 매일의 일상 속에서 우리를 지탱하는 숨결이 된다. 지친 날엔 잘 말아진 밥 한 그릇이 되고, 쓸쓸한 날엔 말없이 등을 두드리는 손이 된다. 사랑은 이기심의 반대가 아니라, 진심이 있는 곳에 스며든다.

톨스토이가 말했던 사랑은 '특별한 사람을 향한 감정'이 아니라, '모든 존재를 향한 이해와 존중의 태도'였다. 사랑으로 산다는 건, 세상을 더 부드럽게 대한다는 뜻이다. 그리고 그 순간부터 우리는 더 깊이 살아가게 된다.

사랑이 주는 기쁨은 이 세상 그 어떤 것을 얻는 기쁨과도 비교할 수 없을 만큼 깊고도 따뜻하다. 사랑은 받는 것도 기쁘지만, 주는 일에도 이상한 충만함이 있다. 그래서 사랑이야말로 가장 확실한 삶의 의미가 된다.

바쁘고 복잡한 현실 속에서 사랑을 잊은 채 살아가고 있다면, 이제부터라도 다시 사랑을 기억하길 바란다. 삶이 빛을 잃었다면, 사랑으로 다시 밝힐 수 있다. 사람은 결국 사랑으로 산다는 톨스토이의 말을, 마음 깊이 새기길 바란다.

"삶의 의미가 없는 행복은 무의미하다."

레프 톨스토이는 인생의 가장 깊은 어둠 속에서 이 문장을 발견했다. 그는 부와 명예, 문학적 성공까지 모두 거머쥐었으나, 어느 순간 삶이 공허해졌다고 고백한다. 매일 반복되는 일상 속에서 그를 붙잡고 있던 '행복'이라는 단어는 더 이상 손에 잡히지 않았다. 그렇게 그는 자살을 진지하게 고민하는 지경에 이르렀고, 그 끝에서 자신에게 물었다. "행복이 없다면, 왜 살아야 하는가?"

톨스토이는 그 물음의 끝에서 새로운 눈을 떴다. 삶의 목적은 변화무쌍한 감정이 아닌, 변하지 않는 '의미'에 있다는 것을 깨달은 것이다. 행복은 상황에 따라 오고 가지만, 의미는 우리 존재의 근거가 된다. 누군가를 사랑하며 함께한 시간, 열심히 일하며 얻은 성취, 가족을 위해 묵묵히 감내한 순간들. 그런 삶의 조각들이 곧 의미이다.

그는 이 깨달음을 바탕으로 말했다. "의미를 잃은 삶이 진짜 죽음이다." 이 말은 그저 극단적인 표현이 아니라, 의미 없는 삶은 겉으론 살아 있지만 마음속은 죽어 있다는 경고의 뜻이다. 삶은 무엇을 가졌느냐보다, 어떤 마음으로 하루를 채우느냐가 더 중요하다.

오늘날 우리는 끊임없이 행복을 강요당한다. SNS 속 웃는 얼굴들, 광고가 말하는 이상적인 삶, "당신은 지금 행복한가요?"라는 질문들. 그러나 정작 그런 물음 속에서 우리는 점점 더 외롭고 무기력해진다. 왜냐하면 그 행복은 너무 조건적이고, 쉽게 사라지기 때문이다.

반면 의미는 작고 소박한 순간에도 존재한다. 매일 아침 일터로 나가는 직장인의 발걸음과 희망, 대중교통에서 노약자에게 자리를 양보하는 사람들의 친절함 등 이 모든 행동은 의미 없이 행해지는 것이 없다. 이처럼 의미란 삶을 견디게 하는 원동력이자, 살아가야 할 이유가 된다.

행복은 좋지만, 의미는 더 깊다. 삶이 흔들리고 웃음과 여유가 사라질 때, 나를 붙잡아주는 건 결국 "오늘도 의미 있게 살아낸 하루"이다.

그러니 억지로 행복하지 않아도 괜찮다. 당신의 하루가 어떤 모습이든 의미가 있다면, 그 삶은 이미 충분히 아름답다. 그렇게 행복은 우리가 의미를 좇을 때, 가장 조용히 다가오는 선물이다.

명언 필사

말은 인정을 구하지만, 행동은 진실을 향한다.

필사:

행복은 언제나 자신을 위해 살 때가 아니라, 누군가를 위해 살 때 찾아온다.

필사:

사람은 사랑으로 산다.

필사:

삶의 의미가 없는 행복은 무의미하다.

필사:

―――― 질문과 기록 ――――

당신의 하루를 의미 있게 만들어 주는 것은 무엇인가요?

에피쿠로스

　에피쿠로스(B.C. 341-B.C. 270)는 고대 그리스의 철학자로, 쾌락을 삶의 궁극적 목적이라 보았지만, 그 쾌락은 감각적 향락이 아닌 고통의 부재와 정신의 평온함이었다. 그는 아테네에 '정원의 학교'를 세워 누구든 철학을 배우고 자유롭게 토론할 수 있는 공간을 만들었다. 그의 철학은 '죽음을 두려워하지 말라', '신을 경외하지 말라'는 주장을 바탕으로, 인간이 스스로의 삶을 주체적으로 사는 길을 제시했다. 물질주의적 세계관을 바탕으로, 에피쿠로스는 욕망을 절제하고 우정을 소중히 여기는 삶을 최고의 행복이라 여겼으며, 그 사상은 후대에 심오한 윤리적 철학으로 계승되었다.

"죽음은 우리와 아무 상관이 없다. 우리가 살아 있는 동안에는 죽음이 없고, 죽음이 오면 우리는 존재하지 않는다."

에피쿠로스는 인간의 모든 불안과 고통의 뿌리 중 하나가 '죽음'이라는 대상에 대한 과도한 집착이라 보았다. 그는 고대 철학자들 중에서도 드물게, 죽음의 공포를 논리적으로 해체하려 했던 인물이다. 그가 우리에게 말한 것은 단순한 위로나 낙관이 아니다. 그에게 죽음은 '존재하지 않는 것'이었고, 존재하지 않는 것을 두려워할 이유는 없다는 것이 그의 입장이었다.

죽음은 우리 삶에서 반드시 마주해야 하는 일이지만, 그 자체가 고통을 수반하는 것은 아니다. 에피쿠로스는 죽음을 '경험할 수 없는 상태'로 정의한다. 우리가 살아 있는 동안에는 죽음이 없고, 죽음이 오는 순간 우리는 더 이상 존재하지 않는다. 따라서 죽음은 결코 우리와 동시에 존재할 수 없다. 감각도 없고, 인식도 없고, 심지어 '나도 없는 상태를 왜 두려워해야 하느냐는 것이다.

그는 사람들이 죽음에 대한 '막연한 공포' 때문에 현재의 삶을 갉아먹고 있는 현실을 날카롭게 지적한다. 실제로 우리는 종종 미래의 불확실성 때문에 오늘을 망친다. 아무 일도 벌어지지 않았음에도 온종일 불안에 시달리고, 중요한 일을 망치기도 한다. 죽음을 상상하며 느끼는 '예견된 공포'가 우리를 지배하기 때문이다.

그래서 에피쿠로스는 말한다. "죽음에 대한 걱정을 내려놓을 때 비로소 삶은 제 빛을 찾는다." 이 순간 숨 쉬고 있다는 사실, 사랑하는 사람과 마주 앉아 있다는 사실, 따뜻한 커피 한 잔이 손안에 놓여 있다는 사실이야말로 우리가 붙잡아야 할 진짜 현실이라는 것이다.

죽음을 생각하면 우리는 겸허해진다. 그러나 지나치게 몰두하면, 오늘의 삶조차 어둡게 만든다. 죽음을 덜어낸 자리에 삶의 생동감이 들어올 수 있다면, 우리는 훨씬 가볍고 단단하게 살아갈 수 있다.

그러니 죽음을 두려워하지 마라. 두려움은 실체 없는 환영에 불과하다. 삶이란 결국 지금 여기에 깃든 감각, 연결, 사랑, 웃음, 그리고 소소한 평화들로 이루어진 것이다.

지금도 에피쿠로스는 우리에게 권고한다. "온전히 삶에 집중해서 살아가라. 죽음을 생각하지 말고, 오늘을 마음껏 누려라."

지금 이 순간을 충분히 살아내는 것, 그것이 죽음을 초월하는 가장 아름다운 방식이다.

"네게 진정한 부를 주려거든, 가진 것을 더하지 말고, 욕망을 줄여라"

에피쿠로스에게 있어서 삶의 본질은 '충분함을 아는 지혜'에 있었다. 많은 사람들은 흔히 부를 축적의 결과라 믿지만, 그는 정반대의 길을 제시한다. 진정한 부란 더 많이 소유하는 것이 아니라, 덜 갈망하는 데서 비롯된다고 여겼던 것이다.

우리는 삶에서 무언가를 끊임없이 원하며 살아간다. 그러나 그 모든 욕망은 충족된 순간부터 새로운 결핍을 만든다. 오늘 얻은 것은 내일엔 부족해지고, 어제의 성공은 오늘의 불안이 되기도 한다. 욕망은 절대 멈추지 않는 성질을 가졌다.

에피쿠로스는 이런 인간의 욕망이야말로 고통의 근원이라 봤다. 그는 자신에게 정말 필요한 것이 무엇인지 자문하고 배고플 때 먹는 밥 한 끼, 목마를 때 마시는 물 한 모금, 피곤할 때 쉴 수 있는 집같이 기본적인 것만 갖춰도 인간은 충분히 행복할 수 있다고 주장하였다.

오늘날 우리는 물질적으로 매우 풍요로운 시대에 살고 있다. 그러나 마음은 더 가난하다. 그 이유는 단순하다. 가진 것이 많아졌지만, 만족하는 능력이 줄었기 때문이다. 더 높고, 더 많고, 더 화려한 것을 바라보다 보니, 지금 내 앞에 놓인 것의 가치를 보지 못한 채 살게 된다.

에피쿠로스는 말한다. "욕망을 줄이는 사람만이 진짜 자유롭다." 누군가는 작은 집에서도 편히 잠들고, 누군가는 만 원짜리 식사에서도 감사함을 느낀다. 그런 삶이야말로 가장 부유한 삶이다. 만족을 안다는 것은 '더 이상 바랄 것이 없다'가 아니라, '지금 이대로 충분하다'고 말할 수 있는 마음이다.

욕망을 줄인다고 해서 나의 세계가 작아지는 것은 아니다. 오히려 더 확장되고, 더 풍부해진다. 마음속 빈자리가 줄어들수록, 우리는 타인의 존재와 자연의 아름다움을 더 잘 감지하게 된다. 덜 갖는 만큼 더 충만해지는 역설 속에, 삶의 진짜 부가 숨어 있다.

부를 좇는 길은 끝이 없다. 하지만 만족을 아는 삶은 언제나 지금 여기에서 시작할 수 있다. 진짜 부는 은행 잔고가 아니라, 욕망을 내려놓을 수 있는 마음의 여유에서 비롯된다.

그러니 지금 무엇이 부족한지 찾는 것이 아니라 무엇을 가지고 있는지 세어 보라. 그것이 얼마나 많은지를 깨닫는 순간, 당신은 마음에서부터 부유한 사람이 될 것이다.

"지혜로운 사람은 가장 단순한 것에서 가장 큰 기쁨을 발견한다."

이 말은 에피쿠로스 철학의 정수를 담고 있다. 그는 인생의 기쁨이란 특별한 사건이나 큰 성공이 아닌, 평범하고 단순한 일상에서 가장 화사하게 피어난다고 믿었다. 우리가 그것을 느끼지 못할 뿐, 삶은 언제나 기쁨의 씨앗으로 가득하다는 것이다.

우리는 종종 거창한 일을 기대하며 산다. 휴가를 떠나야만 기쁨을 느낄 수 있다고 믿고, 누군가에게 인정받거나 큰 선물을 받아야만 행복하다고 생각한다. 그러나 그 모든 기대는 현실보다 더디게 오거나, 오지 않기도 한다. 그렇게 그 삶을 기다리느라 기쁨을 놓친 채 사는 것이다.

에피쿠로스는 진짜 기쁨은 평범한 일상에 내재되어 있다고 말했다. 이를테면, 출근길 푸른 하늘을 바라보는 순간, 쉬는 날 혼자 조용히 책을 읽는 순간, 퇴근 후 시원한 맥주와 맛있는 음식을 먹는 순간 등 이 모든 것은 많은 시간과 돈이 들지 않는다. 광고도 붙지 않고, SNS에서 화제가 되지도 않는다. 하지만 이 조용한 순간들이야말로 삶의 큰 만족감을 준다. 에피쿠로스는 바로 이런 순간들을 귀하게 여기라고 말한다. 단순함은 비어 있는 것이 아니라, 넘침 없이 가득한 것이다.

지혜로운 사람은 그것을 안다. 매일을 특별하게 만들기보다, 평범한 일상 속에서 특별함을 찾으려 한다. 그렇게 불안과 비교로부터 벗어나 온전히 현재에 몰입한다. 왜냐하면 지금이라는 시간 속에 삶의 본질이 깃들어 있기 때문이다.

기쁨은 외부에서 오지 않는다. 그것은 내가 지금 이 순간을 어떻게 바라보느냐에 달려 있다. 아무 일도 없는 하루가 사실은 가장 감사한 하루였다는 걸, 우리는 지나고 나서야 알게 된다.

행복은 사건이 아니라 태도이며, 기쁨은 크기가 아니라 깊이로 느껴지는 것이다. 그러니 평범한 일상에서 특별함을 찾으며 살자. 그러면 당신의 일상은 행복으로 가득할 것이다.

"친구 없이는 누구도 행복할 수 없다."

에피쿠로스는 고대 철학자 중에서도 '우정'을 가장 깊이 이해한 인물이었다. 그에게 친구는 단순히 좋은 시간을 함께 보내는 사람이 아니라, 고독한 존재로 태어난 인간이 서로의 삶을 지탱해 주는 필수 조건이라 여기며 이렇게 말했다. "모든 것을 잃더라도 친구가 있다면, 그 삶은 여전히 부유하다."

우정은 선택이 아닌 생존이다. 실제로 에피쿠로스는 친구들과 함께 살며 철학을 나누는 공동체를 만들었다. '정원'이라 불리던 그 공간은 학문을 위한 장소이기 전에, 따뜻한 인간관계가 꽃피는 삶의 보금자리였다. 거기엔 계급도, 권력도 없었다. 함께 음식을 나누고, 삶에 대해 이야기하고, 고통을 털어놓으며 서로를 지탱했다. 그에게 가장 고귀한 삶이란, 바로 그런 관계 안에서 사유하고 웃으며 늙어가는 것이었다.

현대 사회는 너무도 빠르게 흘러간다. 사람들은 친구를 '리스트'로 만든다. 팔로워 숫자와 '좋아요' 수는 늘어나지만, 마음을 열 수 있는 사람은 점점 줄어든다. 일이 바쁘고, 사는 게 각자 다르고, 서로를 이해하기보다는 판단하기 바쁘다. 겉으로는 연결되어 있지만, 속으로는 외로운 사람들이 많다.

에피쿠로스는 그런 우리에게 묻는다. "너는 지금 누구와 마음을 나누고 있는가?" 진정한 친구는 내 슬픔 곁에 조용히 있어주고, 내 기쁨을 마치 자신의 일처럼 기뻐해 주는 사람이다. 인생의 희노애락을 공유하고 나누는 것이 친구이다.

우정은 서로를 도구로 여기지 않는다. 친구란 '나를 위한 사람'이 아니라, '나와 함께 있을 사람'이다. 어떤 목적을 위해 맺은 관계는 사라지기 쉽지만, 존재 자체를 존중하는 관계는 시간이 지날수록 더 가까워진다. 에피쿠로스는 그런 관계를 인생의 최종 목적지처럼 여겼다.

돈이나 명예, 쾌락보다 우정이 먼저였다.

누구는 혼자가 편하다고 말할 수도 있다. 하지만 그 말속에도 어딘가 쓸쓸함이 존재한다. 왜냐하면 인간은 함께 살아야 하는 존재이기 때문이다. 함께 밥을 먹고, 함께 어울리고, 함께 늙어가는 사이야말로 인생을 더 깊고 보람 있게 만든다.

누군가의 친구가 되어주거나 누군가를 친구로 받아들이는 일은 단순하지 않다. 친구란 서로를 더 좋은 사람으로 변화시키는 은밀한 연대이다. 진정한 친구와 나눈 한마디는 긴 고통을 견디게 하고, 작은 눈빛은 생애 전반을 비추는 위로가 된다.

행복이란 결국, 누군가와 함께하는 상태에서 비롯된다. 친구는 우리가 세상에 붙들려 있지 않도록 해주는 가장 인간적인 끈이다.

당신에게 친구는 어떤 존재인가. 그 친구를 소중히 여길수록 당신의 삶은 더 빛날 것이다. 진짜 행복은, 결국 함께하는 시간 속에서 피어난다.

명언 필사

죽음은 우리와 아무 상관이 없다. 우리가 살아 있는 동안에는 죽음이 없고, 죽음이 오면 우리는 존재하지 않는다.

필사:

네게 진정한 부를 주려거든, 가진 것을 더하지 말고, 욕망을 줄여라

필사:

지혜로운 사람은 가장 단순한 것에서 가장 큰 기쁨을 발견한다.

필사:

친구 없이는 누구도 행복할 수 없다.

필사:

──────── 질문과 기록 ────────

하루를 살면서 자주 기쁨을 발견하며 살아가나요?

앙리 베르그송

앙리 베르그송은 프랑스 파리에서 태어난 20세기 초 대표적인 형이상학 철학자이다. 그는 시간과 의식, 창조성, 생명력에 대해 깊이 있는 사유를 펼쳤으며, 특히 '지속(durée)'이라는 개념을 통해 인간이 체험하는 내면의 시간은 물리적 시간과는 다르다는 통찰을 전했다. 베르그송은 과학적 지식의 한계를 비판하며 직관의 중요성을 강조했고, '창조적 진화' 이론으로 생명의 본질에 대한 독자적 철학을 구축했다. 1927년 노벨 문학상을 수상할 만큼 그의 철학은 문학적 감성과 철학적 사색을 함께 지녔으며, 현대 존재론과 시간 철학의 흐름에 강한 영향을 미쳤다.

"시간은 우리가 경험할 때만 진짜로 존재한다."

우리는 흔히 시간을 시계로 측정되는 숫자로 이해한다. 일정을 시간표로 관리하고, 만남을 위해 시간 약속을 잡는다. 하지만 앙리 베르그송은 그런 시간 개념이 진짜 삶의 시간과는 거리가 멀다고 보았다. 그는 시간을 물리적 시간과는 다른, 오직 인간의 의식 안에서 흐르는 '지속(durée)'을 시간이라 말하며, 그 지속은 눈으로 볼 수 없고, 숫자로 잴 수 없지만, 삶의 실감은 언제나 지속 안에 존재한다고 했다.

예를 들면, 사랑하는 사람과 함께한 10분과 외로이 기다리는 10분은 전혀 같지 않다. 아이의 웃음을 바라보는 1분과, 지루한 회의 속에서 보내는 1분도 마찬가지다. 우리는 모두 '같은 시간' 안에 살지만, 그 시간을 어떻게 경험하는가는 전혀 다르다. 베르그송은 이 점에 주목하며 시간은 숫자가 아니라 감정이라고 말했다.

베르그송이 살던 시대는 산업화가 급격히 진행되던 시기였다. 공장마다 시계가 놓였고, 인간의 삶은 점점 기계처럼 정확하고 효율적으로 관리되기 시작했다. 그러나 그는 그런 시간관이 삶의 본질을 파괴하고 있다고 느꼈다. 그에게 중요한 건, '몇 분이 지났는가'가 아니라, 그 시간이 내게 어떤 의미를 주고 어떤 여운을 남겼는가였다.

오늘날 현대인의 시간은 더욱 빠르게 흘러간다. 스케줄러와 분 단

위로 하루를 나누기도 하고, 시간을 쪼개 생산성을 따진다. 하지만 그 안에서 공허함과 허탈함은 점점 더 커지고 있다. 하루 종일 무언가를 열심히 했지만, 아무것도 경험하지 못한 듯한 허무함이 바로 베르그송이 말한 '지속 없는 시간'이다.

반대로, 어떤 날은 아무것도 하지 않았는데도 마음이 꽉 찬 날이 있다.

좋아하는 사람을 마주 보며 이야기하고, 창밖의 비 내리는 풍경을 보며 과거의 추억을 곱씹는 순간. 그때 우리는 시계를 보지 않고, 온전히 삶에 집중하며 '살고' 있는 것이다.

베르그송은 그런 시간을 '의식의 흐름'이라 불렀다. 그것은 과거와 현재, 미래가 분리된 것이 아니라, 기억과 감정과 기대가 뒤섞인 하나의 흐름이다. 그리고 그 흐름이 진짜 시간이며, 우리 존재의 증거라고 그는 말한다.

그러므로 중요한 건 얼마나 많은 시간을 가졌는가가 아니다. 그 시간을 얼마나 깊게 경험했는가이며 그 안에 어떤 감정과 의미가 스며 있었는가이다.

삶은 내가 오늘 보고, 듣고, 느끼는 모든 것의 집합으로 완성된다. 그러니 당신의 삶도 단순히 흘러가는 시간이 아니라, 당신의 모든 감각으로 채워 가길 바란다. 그러면 삶은 공허와 허무함이 아니라, 기쁨과 행복으로 가득 채워질 것이다.

"의식은 기억 위에 세워진 시간의 건축물이다."

베르그송에게 있어 기억은 단순한 회상이 아니다. 그것은 인간 의식의 뼈대이며, 시간을 살아 있는 경험으로 바꾸는 심장의 박동이다. 우리가 '나'라고 부르는 존재는 수많은 기억이 겹겹이 쌓인 건축물 위에 세워져 있다.

의식은 현재의 감각만으로 이루어지지 않는다. 과거의 기억, 미래의 기대, 지금 이 순간의 감각이 서로 겹치며 흐를 때 비로소 우리는 '살고 있다'고 느낀다. 어릴 적 들었던 자장가 한 소절이 오늘의 눈물을 자아내고, 오래전 이별이 지금의 사랑 방식을 바꾸기도 한다.

기억은 시간 속으로 흘러가는 듯하지만 사라지지 않는다. 오히려 내 안에서 점점 더 선명해지고, 다른 형태로 재창조 된다. 웃음 속에 섞인 그리움과, 익숙한 풍경 속의 추억, 코를 찌르는 향기에 떠오른 과거는 모두 의식을 구성하는 조각들이다.

베르그송은 물리적인 시간과는 다른 '지속(durée)'의 개념을 통해 이를 설명했다. 시계가 재는 시간은 객관적이지만, 우리가 느끼는 시간은 주관적이다. 같은 1시간이라도 사랑하는 이와 보낸 시간은 순식간에 흐르고, 슬픔 속의 1시간은 하루처럼 무겁다. 이처럼 시간은 숫자가 아닌, 경험으로 측정되어야 한다.

기억이 없다면 우리는 오늘의 감정조차 이해할 수 없을 것이다. 기쁨은 과거의 아픔이 있을 때 빛나고, 용서는 오래된 상처를 기억하고도 포용할 수 있을 때 완성된다. 인간은 기억을 통해 계속해서 자신을 만들고, 바꾸고, 다시 살아간다.

건축이 설계도 없이 지어질 수 없듯, 우리의 삶 또한 기억 없이 지을 수 없다. 중요한 건 그것을 어떻게 쌓아 올리느냐는 것이다. 후회만으로 벽을 세우면 삶은 무거워지고, 사랑과 이해로 기둥을 세우면 삶은 따뜻해진다.

의식은 늘 현재에만 머무르지 않는다. 그것은 과거를 품고, 미래를 향하며, 지금 이 순간을 살아낸다. 그리고 이 모든 흐름이 인간다움을 만들어낸다.

"생명은 기계가 아니라 하나의 도약이다."

앙리 베르그송은 생명을 톱니바퀴처럼 정해진 규칙에 따라 움직이는 기계로 보지 않았다. 그는 생명을 '도약'이라 부르며, 예측할 수 없는 창조적 에너지라고 했다. 생명은 정해진 길을 따라 걷는 존재가 아니라, 매 순간 스스로 새로운 길을 개척하는 존재라는 것이다.

베르그송은 진화를 단순한 생물학적 변화가 아니라 자유와 창조의 연속이라 보았다. 그는 그것을 '창조적 진화'라 불렀다. 생명이란 정지된 것이 아니라, 언제나 변하고 새롭게 되어 가는 흐름이다. 그렇기에 생명은 과거의 원인만으로 설명되지 않는다. 때로는 이유 없는 웃음, 계획에 없던 선택, 어느 날 갑자기 흐르는 눈물이 삶의 방향을 바꾸기도 한다.

우리는 늘 삶을 계획하고 관리하며 산다. 시간표를 짜고, 목표를 세우고, 모든 것을 예측 가능한 상태로 만들려 한다. 그러나 때론 그렇게 짜인 기계적인 삶 안에서 지칠 때가 많다.

그럴 때, 뜻밖의 순간들이 우리를 일으킨다. 새벽에 홀로 듣는 음악에서 흘러나오는 목소리, 기대 없이 펼친 책에서 만난 한 구절, 혼자 떠난 여행에서 오는 정체 모를 평온함. 그것이 바로 생명의 도약이다.

베르그송은 그런 도약을 믿었다. 그는 인간이 단지 조건과 환경의 산물이 아니라고 보았다. 생명은 물리적 법칙을 따르지 않고, 필요할 때 스스로 도약할 수 있는 힘을 품고 있다고 했다. 그것은 바로 자유의 힘이며, 생명의 숨은 본질이다.

생명이란 반복이 아니라 창조이다. 같은 상황 속에서도 우리는 매일 새롭게 살아갈 수 있다. 어제는 참지 못했던 일을 오늘은 웃으며 넘길 수도 있고, 평생 하지 못했던 고백을 어느 날 불쑥해버릴 수도 있다. 그런 변화는 어떤 계산이나 이유 없이도 일어난다. 그것이 기계가 아닌 생명만이 보여줄 수 있는 도약이다.

　이 도약은 작지만 분명한 차이를 만든다. 반복되는 삶에 미세한 균열을 내고, 새로운 빛을 들인다. 고장 난 듯 느껴지던 일상도, 어느 날 갑자기 하나의 결심, 한 줄의 문장, 누군가의 따뜻한 말 한마디로 전혀 다른 방향으로 향할 수 있다. 그것이 생명의 가장 위대한 잠재력이다.

　우리는 기계처럼 살아갈 수 없다. 숨 쉬는 존재로 태어났기에 늘 무언가를 느끼고, 흔들리고, 바꾸며 살아갈 수밖에 없다. 삶은 똑같은 톱니바퀴 속을 도는 것이 아니다. 그것은 춤추는 리듬이며, 도약하는 비상이다. 그리고 그 도약이 바로, 당신이 다시 시작할 수 있다는 증거이다.

명언 필사

시간은 우리가 경험할 때만 진짜로 존재한다.

필사: _____

의식은 기억 위에 세워진 시간의 건축물이다.

필사: _____

생명은 기계가 아니라 하나의 도약이다.

필사: _____

── **질문과 기록** ──

당신이 가장 소중히 간직하고 있는 기억은 언제인가요?

철학을 모른다면 인생을 논할 수 없다

초판 1쇄 발행   2025년 9월 10일

지은이   김태환
편집   주서윤
디자인   아듀스튜디오 @idooo_studio
이메일   booksaebyeok@gmail.com

ⓒ 김태환
ISBN: 979-11-991366-0-1(03100)

파본은 구입하신 서점에서 교환해 드립니다.
이 책은 저작권법에 의해 보호를 받는 저작물이기에 무단 전재와 복제를 금합니다.
오탈자 및 잘못 표기된 부분은 위 이메일 주소로 보내주시면 감사하겠습니다.